不确定环境中基于ATO的零部件协同供应模式研究

Research on the Models of Synchronously Supplying Components based on ATO in Uncertain Context

李毅鹏　LiYipeng

摘要

在供应链上游的众多零部件供应商不确定地供应、下游客户不确定地需求订单的环境中，针对按订单装配（ATO）式的供应链生产运作系统，研究了多个零部件供应商如何进行横向（horizontally）地协同供应的问题。通过企业实地调研和大量相关文献综述，结合了理论和实证研究方法、运用了定性和定量分析，从供应链上游的多个供应商的视角，系统地提出了零部件协同供应的多种模式，并使用了数学推导和Monte Carlo模拟仿真方法进行了验证。最终减少了库存浪费、提高了客户需求订单的满足率、增加了各成员企业的收益，从而实现了整个供应链的帕累托改善。

首先，在两个不确定的零部件供应商与单个核心制造商所组成的二级供应链系统中，建立了单周期下的最小量、最大量和最优量等三种协同供应模式，多周期下的最小量及最优量这两种协同供应模式。分析比较了分散决策与多种协同供应模式之间的库存损失变化和价值差异，结果表明：单周期下的三种协同模式均能够有效减少剩余零部件的库存成本浪费，降低核心制造商的库存损失成本；其中最大量协同模式需要瓶颈供应商付出赶工或外包的成本代价，而最优量协同模式的价值严重地依赖产品的利润、外包或赶工的成本等因素。多周期下的两种协同模式也明显优于分散决策，且更容易被供应商所接受和认可。

然后，考虑了在供应商与制造商之间引入第三方物流（集配中心）的供应链结构下，提出了随机产出的供应商与固定产出的供应商之间的两种协同模式，并分析了制造商对不确定性所表现出的多种不同偏好类型及其对协同供应的影响。研究结果显示：固定产出的供应商自发的协同模式无法优化供应链。第三方物流（集配中心）主导下的供应商横向协同模式能够减少供应链的全局损失，但其效果依赖于客户单位惩罚成本的高低。制造商的下行损失规避型偏好会提高全局库存损失成本，而协同供应能够降低最大下行损失值、缓和该规避态度；持有规避型偏好会让全局库存损失降低得更多、协同供应的效果更加明显；而缺货规避型偏好会让协同供应没有价值，反而恶化了协同供应的负面效果。制造商的完全信息共享，使得协同供应能够明显地降低供应链全局的库存损失成本，其协同的价值和效果最优。

最后，考虑了在ATO系统中采用通用零部件的策略，提出了通用零部件供应商主动地协同模式，以及在"末位惩罚"机制下基于"安全多方计算"协议的供应链全局协同模式。比较分析了协同前后的各成员及全局供应链的利润变化和协同价值差异，结果显示：通用零部件策略的效果受限于通用零部件的相关成本；只有在通用零部件的相关成本较大、协同努力因子较小时，通用零部件供应商采取主动协同的模式才有价值；而基于"安全多方计算"协议的全局协同模式能够在优化供应链的同时，让各个成员无需担心泄露私有敏感信息，更有利于协同供应的实施。

关键词：供应链管理；不确定性；按订单装配；
零部件协同供应；供应商协同；协同模式

III

目 录

摘 要 I

目 录 IV

1 绪论 1

1.1 论文研究背景与课题来源 1

1.2 论文研究问题的提出及其目标与意义 4

1.3 论文的研究逻辑思路与主要内容 8

1.4 论文的研究方法与技术路线 11

1.5 论文的主要创新点 12

2 相关研究文献综述 16

2.1 供应链的不确定性问题研究 16

2.2 按订单装配（ATO）问题研究 23

2.3 通用零部件问题研究 26

2.4 供应链协调与协同问题研究 30

2.5 本章小结 37

3 供求不确定下零部件供应商之间横向协同研究 39

3.1 引言 39

3.2 问题假设与符号描述 40

3.3 供应与需求不确定下供应链中的库存损失 41

3.4 零部件供应商之间的三种横向协同供应模式 44

3.5 多周期下的协同供应模式 48

3.6 模拟仿真与数例分析 53

3.7 本章小结 63

4 供应商随机产出下的零部件协同直送工位研究 66

4.1 引言 66

4.2 问题假设与符号描述 67

4.3 随机产出的供应商与固定产出的供应商之间协同模式 68

4.4 核心制造商参与下的供应商之间协同模式 72

4.5 模拟仿真与数例分析 77

4.6 本章小节 89

5 基于通用零部件策略的供应商协同研究 91

5.1 引言 91

5.2 问题假设与符号描述 92

5.3 通用零部件供应商与专用零部件供应商之间的协同模式...............93

5.4 采用安全多方计算协议的全局协同模式......97

5.5 模拟仿真与数例分析......104

5.6 本章小结......113

6 全文总结与研究展望......116

6.1 全文总结......116

6.2 研究展望......118

参考文献......121

1 绪论

1.1 论文研究背景与课题来源

1.1.1 研究背景

供应链与供应链之间竞争的日益激烈，使得各国企业纷纷把其竞争的战略支点从基于成本、质量、服务的竞争上升到"基于时间的竞争"层面。然而，单纯地强调缩短企业的生产时间、安装调整（setup）时间、设计时间以及响应时间，已经远远无法满足在不确定环境下供应链中各成员企业小批量、多批次、产品多样化、及时定制、低库存成本等等的要求。因此，供应链管理研究的最终目的就是在合适的时间、合适的地点、以合适的方式向合适的客户提供合适的价格、合适的质量的产品。

根据运作管理和供应链的基本原理，流程式生产和加工-装配式生产是两种主要的生产方式。前者如冶金、化工等等；而后者如汽车、造船、电脑以及消费类电子产品等等。而加工-装配式供应链由于供应商数量较多、地理位置分散、生产流程工艺复杂、管理协调工作繁重，是供应链管理最值得研究的重点领域，因而也是本论文所提出的零部件协同供应模式创新的研究基点。采用按订单装配（Assemble-to-Order）的生产方式可以消除成品库存，制造商（装配商）只需持有少量的零部件库存，当接收客户订单之后再进行生产装配，从而以较低的成本增加了产品的多样性和新产品的开发速度。然而供应链中采用ATO系统的企业都会面临着双重不确定性和风险：来自上游多个零部件供应商的不确定供应和来自下游客户的不确定需求订单。例如近期中日关系受到"钓鱼岛"事件的影响，日本任天堂游戏机公司的主要供应商--三美电器（MITSUMI）青岛工厂--暂时停产，导致WII游戏机的全球订单延期。又例如2012年10月的美国飓风"桑迪"直接导致位于马里兰州的通用和沃尔沃的零部件工厂停工，使得重卡和SUV的变速箱、沃尔沃和Mack卡车引擎的供应出现中断。同时，供应链下游的最终客户（或消费者）受到诸如收入波动、消费行为、季节变化、延迟购买甚至政治环境突变的各种因素的影响，使得对于产品的需求订单出现较大的、不确定地波动。因此，在双重不确定性的环境前提下，如何制定不同的供应链协同契约机制以达成多个供应商与下游制造商之间的平衡（trade-off），是本研究的重点关注内容。

供应链中的核心制造商为了应对不确定环境的影响，常常采用第三方物流厂商来管理其上游零部件的采购、存储及供应，例如VMI（Vender Managed Inventory）、Supply-Hub（或集配中心）、Logistics Hub等。在武汉东本储运的实地调研中，作为专业的第三方汽车物流服务提供商，以配送中心（类似Supply-Hub）为核心，对其上游的数百家汽车零部件供应商提供循环取货、干线运输（远程仓库）、直接运输（周边供应商）以及中转存储等服务，对下游的主机厂（整车装配）提供定时定点定量地线边配送零部件（直送工位）服务。即各个零部件供应商按照第三方物流厂商的订单进行生产和供应，第三方物流厂商根据制造商的生产（上线）计划采购、存储各种零部件，并以JIT的方式把齐套的零部件以规定的时间、数量、质量，直接配送到制造商所指定的工位（生产线）上，从而进行生产或装配。而这仅仅是制造商把供应与需求的不确定性风险向上游的各个供应商进行了转移，这也是VMI、类似Hub等运作方式在实践中收效甚微的主要原因之一。并且核心制造商除了主动向上游供应商转嫁不确定性的影响外，其在生产计划、订单采购及存储等环节上还会表现出对不确定性的规避态度偏好，例如下行损失规避、持有规避、缺货规避等。这些都会对供应链上各个成员之间契约的制定、供应链协同机制的形成产生重要影响。

而供应链上的各个成员企业为了获得并保持竞争上的优势，总是希望在以规模经济维持较低成本的同时，以更短的提前期向市场提供尽可能多样化的、高质量产品。而提高同一时间内所提供产品的宽度（广度）和加快用新产品替换旧产品的频率，是产品多样化的两种重要途径。加工-装配式的供应链企业广泛地认为，采用通用的零部件来替换专用的零部件是以低成本获得产品多样性的关键因素。如汽车的引擎、悬挂、变速箱，电脑的CPU、鼠标等，都是多样化的产品共享相同或相似的通用零部件集合。有时业界也称之为制造平台，例如：在电子行业，不同的手机模型可以共享一个平台；大众的Passat车型与Audi A4的通用零部件共享平台；Chrysler汽车公司使用了75%的通用零部件，在其LH平台上生产两种车型：Dodge Intrepid和Chrysler New Yorker。通用零部件简化了企业的供应物流；从改变产品架构的角度来看，获得了生产线效率的显著提高；从而形成了产品家族，增加了产品多样性；同时利用了规模经济，减少了开发和生产成本。但是，通用零部件高昂的设计、研发成本、较长的提前期，专用零部件供应商、通用零部件供应商与供应链核心制造商之间更加复杂的协作和协调，最终客户对于使用通用零部件生产出来的产品的认可与接受程度等等问题，都是通用零部件供应商与专用零部件供应商之间进行供应协同所要解决的研究难点。

供应链协调（supply chain coordination）是国内外许多学者、行业从业者试图解决上述问题的重要手段之一。供应链中的下游客户除了需要低成本、多样化、高质量的产品以外，还常常"催货"、要求较短的产品提前期。如果核心制造商能够完全满足客户要求，就意味着需要维持非常高的多种零部件库存以及成品库存。因此，当制造商面临巨大的库存压力和市场压力时，最优的选择往往是对客户按订单进行延迟装配以消除成品库存，对上游供应商要求Just In Time（JIT）的及时零部件供应以较少或尽力消除零部件库存。但从供应商的角度来看，JIT的及时供应会减小供货批量、增加供货批次、对供货的准时性提出了更高的要求，最终增加了供应商的运作管理成本。传统的供应链协调就是利用契约规则的制定来平衡供应商-制造商-客户之间的利益冲突，以达到供应链的帕累托改善。通常使用的协调技术包括：数量价格折扣、回购（buy-back）、返现、供应商管理库存（VMI）、激励或惩罚等等，往往基于短期（单周期）的合作、使用契约条款来约束相关利益方。而信息共享机制被普遍认为是实现供应链协调的重要前提之一。通过从供应链的下游成员向上游成员共享需求订单信息，能够缓解或部分消除著名的"牛鞭效应"。而把"安全多方计算协议"逐渐运用到供应链成员之间的信息共享实施中，既可以达到集中决策的效果，更重要的是还能够保证各成员在信息共享的同时不会泄露其私有敏感信息。这就可以提高供应链上各成员参与信息共享的主动性和积极性，以更好地实现供应链协调机制。

本论文提出的零部件协同供应（synchronously supplying components）思想所强调的是让供应链中各级成员建立长期的战略合伙关系，上游、下游企业联系更加紧密，在整合供应链资源的基础上，通过组织手段和信息技术创新，使供应链中的多个零部件供应商的供货能够达到同步并与产品装配、市场需求相匹配，降低由于零部件短缺而导致的产品订单交付延误、库存成本上升以及失去市场等现象，进而提高供应链的整体响应性和灵活性，及时、准确地满足客户需求，最终提升供应链的整体竞争力。由此，本论文把传统意义上的供应商协调称为纵向（vertically）协同，其调整的是供应商-制造商之间、制造商-下游客户之间的上下级垂直关系；把多个供应商与供应商之间的同级的水平关系称为横向（horizontally）协同。本论文提出的零部件协同供应所重点关注的就是如何使多个零部件供应商与供应商之间横向相互配合、共同满足纵向制造商的零部件供应需求，从而彻底改变供应商-供应商之间、供应商-制造商之间的供应链合作关系，为大型生产-制造型企业提供供应链管理上的见解和实践指导。

1.1.2 课题来源

本学位论文选题来源于导师马士华教授的下列课题与项目：

（1）国家自然科学基金资助项目：基于Supply-Hub的供应物流协同的理论与方法研究（批准号：71072035）；

（2）国家863/CIMS主题资助项目：基于供应驱动的快速响应供应链协同运作管理关键技术研究（批准号：2006AA04Z153）；

（3）国家自然科学基金资助项目：物流能力对供应链竞争力的影响机制及提升方法研究（批准号：70672040）。

1.2 论文研究问题的提出及其目标与意义

1.2.1 论文研究问题的提出

供应商与供应商之间的零部件协同供应是一种新型的供应链物流运作管理的组织模式，当考虑了供应链中的不确定因素、成员的不同规避态度偏好、采用通用零部件的战略、以及引入第三方的Supply-

Hub运作机制，会出现许多比较复杂的研究重、难点，从而提出了如下需要解决的关键问题：

（1）在不确定环境中如何提炼多个零部件供应商之间的合作与协同具体模式？在形成供应协同之后，对供应链的不确定性导致的损失有哪些抑制作用？

在由多个零部件供应商和一个核心制造商所组成的基于ATO的供应链中，需要众多零部件在同一时间、按一定的数量比例齐套（配套）上线，制造商才能进行加工装配。而当零部件的供应不确定时，要么导致生产线停线待工、要么产生大量多余零部件导致额外库存持有成本、甚至同时出现这两种情况。而供应链下游客户需求的不确定性，会使制造商的订单预测产生波动，给整个供应链中的各个成员计划、订单、生产及库存等都带来了巨大的难题。并且在单周期和多周期的情况下，所形成的多种零部件协同供应模式对协同所需成本、制造商的库存损失的影响是不同的。因此，从上游供应商的视角出发，如何让多个零部件供应商进行横向的合作与协同供应，在什么样的条件下零部件协同供应有价值，是本研究首先要提出并解决的关键问题。

（2）当在多个供应商与制造商之间引入第三方物流服务提供商（集配中心或Supply-Hub）后，会产出哪些新型的、不同的零部件协同供应模式？核心制造商对于不确定性的偏好态度对于协同供应的形成、成本的高低、价值的大小等会产生哪些影响？

核心制造商向上游供应商转移不确定性风险的最直接方式就是引入第三方物流（3PL）服务提供商，以此来缓冲多种零部件供应不确定性所带来的库存损失。同时为了缓解供应链下游客户需求的不确定性，制造商采用按订单装配（ATO）的生产加工方式，直到接受了订单才开始组织零部件进行生产，从而消除了成品库存。然而，不同于传统的3PL，Supply-Hub（或集配中心）不仅对供应链上游的多个不确定的零部件供应商实现了"集"的功能，而且还对其下游的制造商承担着"配"的功能。为了实现把齐套的零部件向制造商直送工位，Supply-Hub如何使用不同的模式组织协调随机产出的供应商和固定产出的供应商进行零部件协同供应，这是值得研究的问题之一。同时，制造商面对供应和需求的不确定性会表现出不同的规避态度偏好，这都会对零部件订单量、协同供应量、库存成本损失产生不同的影响。在哪些参数条件下可以激发鼓励核心制造商共享需求信息，从而更好地实现零部件协同供应，这些都是值得和需要研究的问题。

（3）如何在通用零部件供应商与专用零部件供应商之间建立协同关系？尤其是当他们在供应链中所处的重要性不相同时，协同供应的形成由谁来主导？谁更有建立协同供应关系的迫切性和主动性？当通用零部件供应短缺时，其相关成本的高低对协同的价值会产生哪些影响？

为了降低零部件库存成本、提高最终产品的多样性，制造商常常采用通用零部件策略。当把众多不确定的供应商细分为通用零部件供应商和专用零部件供应商时，情况会变得非常复杂。在通常情况下，通用零部件供应商往往具有一定的市场地位，在哪些条件下，由谁来发起或主导进行零部件协同供应、协同的价值高低与零部件的相关成本、协同努力因子等有何联系，这些难题都需要进一步研究。

（4）如何激励多个供应商和制造商参与到供应协同机制中来？其价值如何体现？

传统的供应链协调通过上下游各个成员之间的信息共享来实现集中决策。然而在具体的实施过程中，各成员由于担心敏感的、私有信息被泄露，即使知道集中决策的众多好处，参与集中决策的积极性也不高。而制造商面对多个供应商的不确定地零部件供应，进行缺货惩罚是比较直接地减低不确定性风险的手段。而在供应链的管理实践中，不可能同时对多个供应商进行惩罚，只能挑选出缺货最严重的供应商进行"末位惩罚"。但在不确定性的大环境中，各个供应商为了避免惩罚就要进行赶工或外包，这样不仅增加了供应商的成本，而且对制造商以及全局供应链都没有益处。因此，如何把"安全多方计算"协议引入到集中决策中来，既能够在各个成员之间进行信息共享，又不会泄露成员的私有、敏感信息，从而更好地鼓励供应商和制造商参与到零部件协同供应中来，这是要重点研究的问题。

1.2.2 论文的研究目标

论文研究的主要目标是从供应链上游的多个零部件供应商视角出发，重点研究多供应商所形成零部件协同供应的各种模式如何对基于ATO的制造商乃至全局供应链产生不同的影响。主要研究目标如下：

（1）在不确定的环境下，建立ATO供应链中的供应商与供应商之间横向的多种协同供应模式。在单周期下提出最小量、最大量和最优量三种协同模式；在多周期下提出最小量和最优量两种协同模式。比较实现协同后与分散决策下的库存损失变化，以及不同协同模式对供应链中各成员的价值影响。

（2）提出第三方物流（集配中心）参与下零部件协同供应的多种模式。建立固定产出供应商的主动协同模式以及集配中心主导下的多供应商横向协同模式。当核心制造商以不同的偏好态度（下行损失规避、持有规避、缺货规避、完全信息共享）参与下，提出集配中心所采用的不同协同模式。并分析比较不同协同模式对不同供应商、制造商及全局供应链的库存损失、利润大小的影响。

（3）提出多个专用零部件供应商与通用零部件供应商的所形成的各种协同供应模式。建立不确定的通用零部件供应商主动与专用零部件供应商形成协同供应的模式。在制造商向多个供应商进行"末位惩罚"的前提下，提出基于"安全多方计算"的全局供应链协同模式。并研究通用零部件的相关库存成本、"末位惩罚"的力度、供应协同因子高低对于协同效果与价值变化的影响。

1.2.3 论文的研究意义

（1）本研究从横向协同的视角进一步充实了供应链运作管理创新的重要内容。

现有的供应链协调或协同研究所关注的往往是供应链上游成员与下游成员之间的合作与协调。而近年来在供应链管理及运作实践中出现的多个零部件供应商之间协同运作的新模式，缺乏科学理论的分析和评价，通过本文的理论研究，可以提供一种新的供应物流协同管理模式。供应商与供应商之间的横向协同，强调的是供应环节的资源整合、协同，不仅能够更快、更好地响应和满足顾客的现实需求，而且在能够很大程度上提高整个供应链的运作效率，对供应链的持续改善和核心竞争力的形成具有重要意义，是研究供应链管理的一个新的视角，从而进一步地充实了供应链管理的理论体系。

（2）本研究为面向供应商与供应商之间的关系协同，面向多供应商、第三方物流（集配中心）及制造商之间的关系协调提供了理论依据和实践指导。

在我国企业的供应链管理实践中，大量的中小型加工-装配式企业缺乏供应链管理的意识，即使是大型企业对供应链管理的认识也不够全面、深刻。导致零部件供应商与下游制造商的关系还停留在基于价格或提前期博弈的一次性或短期买卖关系，尚未形成长期的战略合作伙伴关系；更不用奢谈供应商与供应商之间的横向战略合作关系了。第三方物流（集配中心或Supply-Hub）的运作模式作为供应物流协同运作的新方式，能够更好地满足客户需求，同时提高企业与供应链的竞争力。但是，实现起来是很困难的，其管理的难度也是很大的。没有科学的理论作指导，也很难达到预期水平。因此，通过运用本研究成果，可以使其运作管理更加科学，可以进一步降低供应链整体库存成本、缓解供应链的不确定性、为供应链带来新的竞争力。

（3）本研究为建立基于"安全多方计算"协议的信息共享机制，以优化通用零部件战略提供了理论支持和绩效分析。

本论文的研究成果可以更好的管理模式、更高的服务水平为供应链上的各个企业提供物流协同服务。基于"安全多方计算"协议的供应链信息共享方式，能够让供应链中的各级成员（包括专用零部件供应商、通用零部件供应商、制造商）在使用信息共享进行集中决策的同时，不必担心私有、敏感信息的泄露。在众多零部件供应商的内部，不同零部件的通用性、专用性、相关成本、价格、需求量、产能等都不一样，导致不同供应商参与协同的意愿、配合程度也不同。当今企业即使认识到了通用零部件的重要性，但面对这些复杂的问题，简单抽象的理论与实际应用还有很大差距。因此，本研究为供应链上的各个企业提供实际可行的理论指导，为决策者提供一套完整、系统的思路，使得供应链各个环节之间的合作关系都能够达到协同运作、协调发展。

以上三点就是本研究的价值和意义。

1.3 论文的研究逻辑思路与主要内容

1.3.1 论文的研究逻辑思路

本论文研究对以往的文献进行综述之后，在数家国内大中型加工-装配式企业调研、对中高层管理人员问卷和访谈，从而提炼出供应链管理实践中有关众多供应商关系管理以及各种关键零部件供应的问题，并进行归纳和总结。首先对于两个不确定的零部件供应商，分别在单周期和多周期的情况下，建立不同的零部件协同供应模式，并分析不同模式对制造商库存损失的影响。然后在多个供应商与制造商之间引入第三方物流（集配中心或Supply-Hub），建立固定产出供应商主动协同模式以及第三方物流主导下的随机产出供应商与固定产出供应商的横向协同模式，并分析在制造商的参与下对零部件供应协同的影响。最后，在通用零部件策略下，建立通用零部件供应商主动与两个专用零部件供应商的协同供应模式。并在制造商对所有供应商进行"末位惩罚"的情况下，建立基于"安全多方计算"协议的全局供应链协同模式。图1.1描述了论文研究的基本逻辑框架。

（1）首先考虑在供应链上游的两个零部件供应商的不确定供应、下游客户的不确定需求的环境下，分析核心制造商的库存损失。随之建立了所需协同成本较低的最小量协同模式、协同成本较高的最大量协同模式以及协同效果与协同成本相权衡下的最优量协同模式。在多周期的情况下建立最小量协同模式和最优协同模式。并比较分析不同的协同模式对客户订单满足率、制造商库存损失、瓶颈供应商和非瓶颈供应商的库存损失以及全局供应链的损失变化的影响。（论文第3章）

（2）然后考虑核心制造商引入第三方物流（集配中心或Supply-Hub）试图向上游转移不确定性损失的环境下，两个零部件供应商如何进行协同供应。当随机产出的供应商会导致固定产出的供应商的库存损失时，建立固定产出的供应商自发协同供应模式。当该模式反而会恶化不确定性对全局供应链和各个成员利益时，建立在第三方物流主导下的两个供应商横向协同模式。当核心制造商表现出下行损失规避、持有规避、缺货规避以及完全信息共享等不同态度偏好时，分析不同偏好对零部件协同供应的影响。（论文第4章）

（3）最后考虑核心制造商采用通用零部件策略以降低零部件库存并提供多样化产品时，存在四个专用零部件供应商，引入一个通用零部件供应商替代其中两个专用零部件供应商的情况下，这些供应商如何进行协同供应。建立通用零部件供应商主动协同供应模式，但其效果受到协同努力因子、零部件相关成本等因素制约。当核心制造商对这些供应商实施"末位惩罚"时，建立基于"安全多方计算"协议的全局供应商协同模式。（论文第5章）

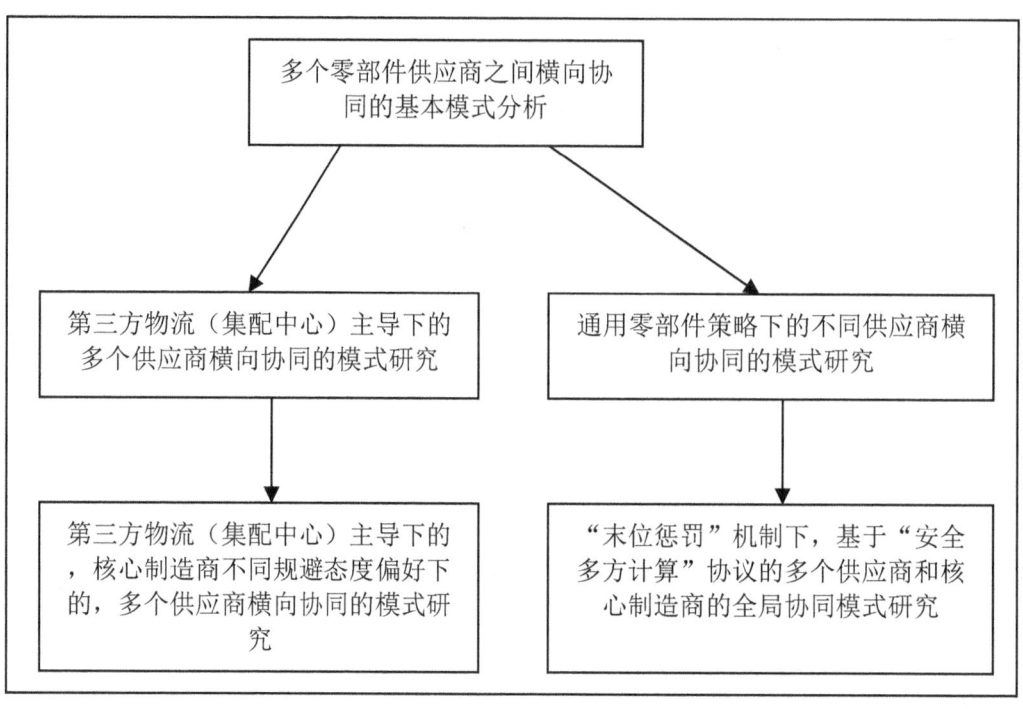

图1.1 论文研究的基本逻辑框架

1.3.2 论文的主要内容

根据上述的研究问题、目标以及逻辑思路，论文的主要结构与内容如下：

第1章：绪论。首先介绍了论文研究的背景和课题来源；接着提出了论文的研究问题并确定了论文研究的目标，明确了论文研究的意义；然后详细描述了论文研究的逻辑思路、框架、主要的研究内容以及研究方法和技术路线；最后突出阐述了论文的三个主要创新点。

第2章：相关研究文献综述。系统地总结并综述了与本论文研究相关的文献，主要包括：供应链的不确定性问题研究、按订单装配（ATO）问题研究、通用零部件问题研究以及供应链协调与协同问题研究等。在肯定了以前的相关研究工作成果的基础上，分析了本论文研究的出发点、重点关注的问题及其与现有文献的联系和区别，最后提出了在不确定环境下基于ATO的零部件协同供应模式的研究主题。

第3章：供求不确定下零部件供应商之间横向协同研究。在假设两个不确定的供应商都只能按制造商订单的一部分比例进行供货、不考虑零部件订货提前期及缺货惩罚时，且在制造商按ATO方式生产、可能会出现多余零部件持有成本及产品缺货惩罚成本的前提下，比较分析了分散决策与三种零部件供应商横向协同供应模式下的最优决策；在多周期的情况下建立了最小量和最优量的协同供应模式。并分析了各种协同供应模式的特点及其对供应链上各个成员利益的影响。

第4章：供应商随机产出下的零部件协同直送工位研究。当制造商考虑引入第三方物流（集配中心或Supply-Hub）来承担零部件协同直送工位，在零部件的不确定供应所产生的库存成本由供应商自己承担的前提下，分析了固定产出的供应商产生的由于随机产出供应商的不确定性所带来的库存持有成本，建立了固定产出供应商自发的协同供应模式以及第三方物流（集配中心）主导下的供应商横向协同供应模式。并考虑当制造商对于不确定性表现出不同的规避态度偏好时，分析了下行损失规避型、持有规避型、缺货规避型、信息完全共享型等四种情况下的最优决策对零部件协同供应的影响。

第5章：基于通用零部件策略的供应商协同研究。在制造商采用通用零部件策略后，考虑了四种零部件供应商与制造商的分散决策模型、两种专用零部件供应商及一种通用零部件供应商与制造商的分散决策模型、以及通用零部件供应商主动与两种专用零部件供应商协同供应模式，并分析了采用通用零部件策略会更优以及协同供应模式有价值的参数条件。在制造商对不确定的零部件供应商进行"末位惩罚"的前提下，考虑了基于"安全多方计算"协议的全局供应链协同模式，并分析了协同努力因子、通用零部件相关成本等因素对供应链各个成员及全局利益的影响。

第6章：全文总结与研究展望。对全文的工作进行总结，并对进一步的所要研究的问题和内容进行展望。

其中第3、4、5章为本论文的主体部分，论文的整体结构体系如图1.2所示：

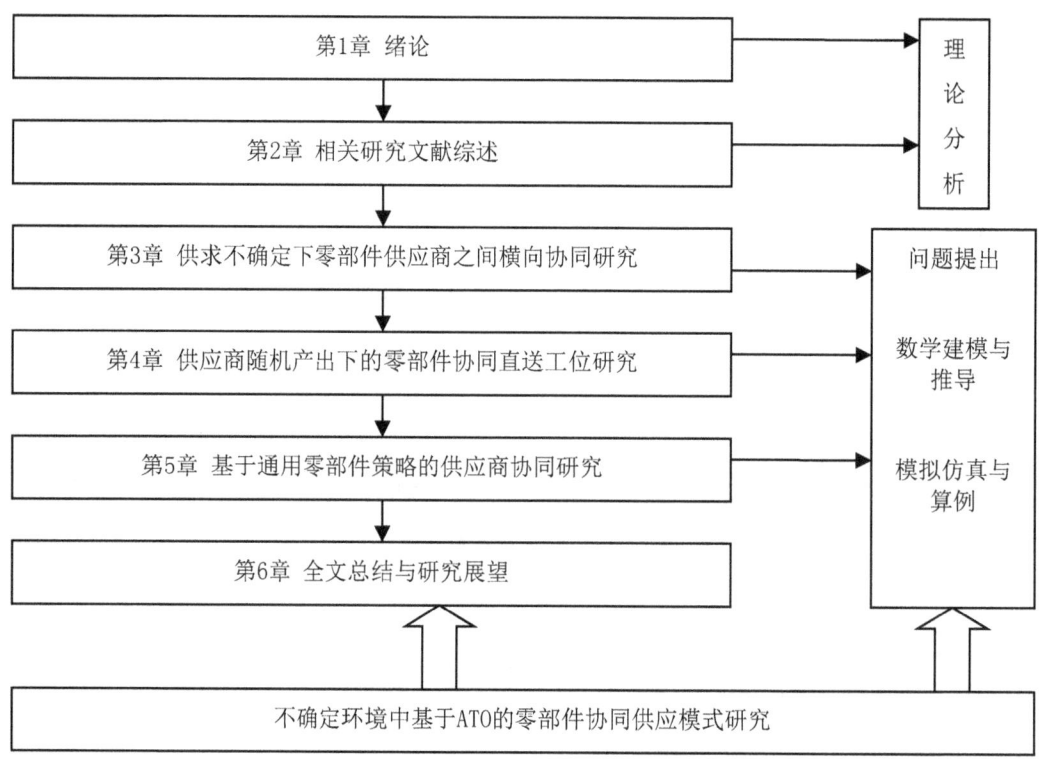

图1.2 论文整体结构体系

1.4 论文的研究方法与技术路线

本论文的整体研究方法本着"提出问题－分析问题－解决问题"的逻辑思路，在对相关加工-装配型企业进行实际调研分析的基础上，结合大量国内外的研究文献，采用描述型研究方法提出国内制造业在零部件协同供应过程中存在的问题，采用解析或仿真的研究方法研究这些问题的特性与本质，进而提出解决问题的办法和实施策略的建议。

本研究将理论研究与实证研究方法相结合，在实证调查研究的基础上进行理论分析和探讨；同时结合管理学与经济学的相关理论（如协同论、激励理论、运筹学、计量经济学、统计学、博弈论及信息经济学等系统优化与决策建模方法），运用理论分析与定量建模的方法全面系统地研究不确定环境中基于ATO的零部件协同供应模式的先进理论与关键技术。

本论文拟将研究成果应用于汽车、船舶、消费电子制造等供应链的行业管理实践，并对其实施过程进行跟踪研究，通过问卷调查、访谈的形式根据反馈信息评价所提出的方法的可行性和应用效果,对实际应用过程中出现的各种情况进行分析,根据实际情况对研究理论和具体实施技术方法体系做出修正和调整,使研究成果更能适应企业实际需求,能够直接为企业服务,并且能很好的支持整个供应链系统的有效协同运作,提升供应链整体运营能力。

根据上述研究目标、研究内容和方法,设计以下技术路线,如图1.3所示:

(1)文献综述;

(2)企业调研及专家访谈;

(3)提出命题;

(4)分析与量化协同的影响机制;

(5)建立供应商之间的新型协同关系;

(6)建立多种供应链协同运作模式;

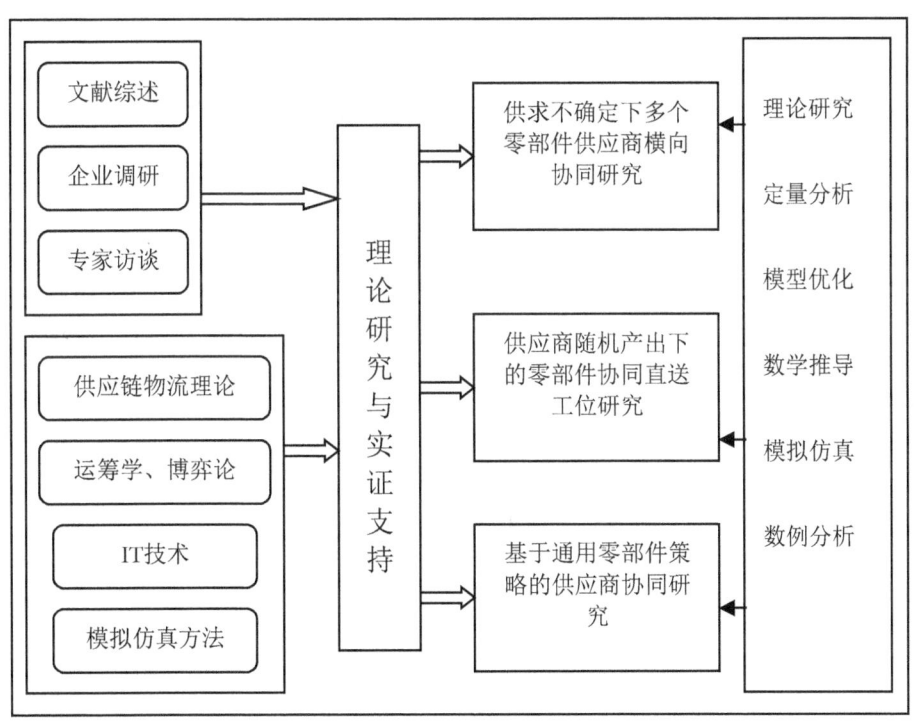

图1.3 论文研究的技术路线图

1.5 论文的主要创新点

创新点1. 提出了供求不确定下多个零部件供应商横向协同模式

由于现有的研究文献多集中于供应商与分销商、分销商与零售商等水平方向的供应链协调问题，而忽略了供应链上游的多个供应商之间横向合作关系。因此，本论文考虑由多个供应商与一个制造商组成的按订单装配（ATO）的供应链模型。在供应商的零部件供应不确定、制造商的客户需求也是不确定的环境下，从多供应商的视角来研究如何通过供应商之间形成零部件协同供应，向制造商齐套供应零部件，从而降低制造商的期望总库存成本。建立了单周期下的最小量、最大量及最优量协同模式，多周期下的最小量及最优量协同模式，并对形成协同前后的期望总库存成本进行比较。通过模拟仿真的方法，对模型进行验证和比较；并分析不同的缺货成本对最优订单量、最优订至点和最小期望总库存成本的影响。从而表明：多供应商之间的零部件协同供应能够降低制造商的期望总库存成本、提高了对客户需求的响应。

创新点2. 提出第三方物流（集配中心或Supply-Hub）主导下的零部件协同供应，建立随机产出供应商、固定产出供应商及不同规避态度偏好的制造商参与下的多种协同供应模式。

虽然现有的文献研究了采用第三方物流把供应商的零部件对制造商进行直送工位，但没有考虑供应的不确定性及多个供应商之间的横向关系对整个供应链的影响。因此，本论文在第三方物流（集配中心或Supply-Hub）的运作环境下，首先提出了固定产出的供应商自发协同模式，并认为该模式不利于供应链上的各个成员，恶化了不确定性导致的库存损失。然后建立了在第三方物流主导下所形成的固定产出供应商与随机产出供应商横向协同模式，并考虑了制造商以下行损失规避、持有规避、缺货规避、完全信息共享等不同的规避态度偏好参与下所形成的协同供应模式。通过数学推导和模拟仿真，结果表明：第三方物流主导下的协同供应模式能够降低各个供应商的多余零部件持有成本及整个供应链的库存损失；当在一定的参数范围内，制造商参与下的协同均能够减少剩余零部件浪费并降低全局供应链的库存损失。

创新点3. 提出了通用零部件策略下多个零部件供应商横向协同模式，建立了在"末位惩罚"下的基于"安全多方计算"协议的全局供应链协同模式。

现有的关于通用零部件的文献往往是从库存水平、聚集效应（risk pooling）、零部件分配及提交规则、提前装配（AIA）或按订单装配（ATO）策略选择以及通用零部件设计等方面，来对通用零部件的采用进行研究。但没有考虑专用与通用零部件供应商之间的横向关联性、信息共享的程度对供应链库存的影响。虽然通用零部件通常对制造商是有利的，但其价值强烈地依赖于零部件的成本、提前期和动态分配规则等多个方面的影响因素。因此本论文在零部件协同供应中考虑了通用零部件策略的问题，提出了通用零部件的供应商主动与多个专用零部件供应商的协同供应模式。并考虑当制造商对多个零部件供应商实施"末位惩罚"后，建立了基于"安全多方计算"协议的全局供应链协同模式。通过模型论证和模拟仿真，结果表明：当通用零部件的相关成本较大、协同努力因子较小时，通用零部件的供应商主动协同供应模式的价值才能发挥出来，提高了制造商的期望总利润；当在一定的"末位惩罚"成本参数范围内，基于"安全多方计算"协议下的协同供应模式可以降低全局供应链的库存损失，并能够在不泄露私有、敏感信息的前提下鼓励更多供应链成员参与到零部件协同供应的实施中来。

2 相关研究文献综述

2.1 供应链的不确定性问题研究

2.1.1 供应的不确定性

处于供应链上游的众多供应商，其零部件供应不确定性的原因是比较复杂的。Ciarallo、Akella和Morton（1994）认为产品复杂性、制造环境的复杂性的增加，以及客户对产品质量关注度的增加，这些因素导致了生产过程的不确定性。这些不确定性的表现为：计划外地机器维护、变化地生产产出以及缺陷产品返工等等。并认为好的生产计划模型应该把这些不确定性反应到生产过程中。在随机需求、随机产能及单个产品的供应链环境中，研究证明在单周期问题中，随机产能不会影响最优策略，但会导致单向的、非凸的成本函数；而在多周期和无限期假设中，依赖产能分布的order-up-to策略是最优的。Lee和Yano（1988）也认为涉及"高科技"零部件的制造和装配（例如LED显示器、芯片）的许多制造过程都有高度变化的产出，使得生产的计划和控制复杂化。在连续生产系统中每个阶段的产出量都可能是随机的。Henig和Gerchak（1990）针对北美制造业中的生产有缺陷的产品的问题，提出并分析了一般周期性地检查生产/库存模型，其生产产出总是生产批量的随机的一部分比例。分别建立了单周期、有限期及无限期的模型。最后结论表明：按比例随机产出导致的短缺概率不比确定产出导致的短缺概率低；单周期的订货点独立于产出的随机性；单周期和多周期的期望成本函数是凸的、收敛的；而无限期模型中的订货点比确定产出时要更高。Gurnani、Kella和Lehoczky（2000）认为供应商不确定的产生工艺导致生产损耗，导致配送过程的不确定性。考虑了一个装配系统，产品由两个关键零部件装配而成，零部件从供应商那里获取，由于产出损失，只能配送订单量的随机的一部分。决策变量是装配的最终产品的目标水平和供应商的零部件的订单量，从而制定了联合的零部件订单和生产（装配）决策。其分析强调了在供应和需求不确定的情况下，协调零部件订货和生产决策的重要性。

而面对供应的不确定性，现有文献提出了许多方案并建立相应的优化模型试图缓解或消除不确定性对供应链所产生的影响。Wang和Gerchak（1996）认为许多生产环境都可能遭受两种类型的不确定性：对批量的随机产出和可变产能。研究了生产能力波动、随机产出及不确定的需求下的生产计划问题。通过建立解析关键点和最优计划生产的随机动态规划模型，最小化总折现期望成本（生产、持有、短缺）。证明目标函数是准凸的，最优策略的结构在每个周期对于初始库存水平存在单个关键点。即，如果初始库存比这个关键点更大，最优的计划生产就是零；否则，大于零。Federgruen和Yang（2008）通过从多源采购供应来覆盖不确定的需求，其中每个供应源都面临随机产出因子，并独立于本季的需求，均服从正态概率分布。提出的计划模型的目标是最小化总采购成本同时确保以给定的概率来满足不确定的需求。Li和Zheng（2006）研究了随机产出和需求的生产系统的联合库存补给和定价问题。由于生产的产出是不确定的，以至于所接受的补给数量是随机变量，其分布依赖生产的数量。分析结果显示最优的补给策略是阈类型，当且仅当周期中的开始库存低于阈值时生产是最优的，并且每个周期中的最优生产量和价格是随开始库存递减的。还研究了不确定产出在操作层面的影响。结果证明，在单周期情况，补给阈值独立于产出的波动；而在多周期情况，不确定产出系统的补给阈值比确定产出系统的更高。另外，不确定产出系统下的产品价格总是会更高。Bollapragada、Rao和Zhang（2004）考虑当零部件供应商有随机的产能并且最终产品的需求是不确定时，描述了纯装配系统的库存动态。显示了零部件和最终产品在提供客户服务时所扮演凸的、互补的角色，并通过对两级系统的计算分析显示了许多管理上的见解。Anupindi和Akella（1993）研究了在两个不确定的供应商之间分配数量的运作层面的问题，以及对买方的库存策略的影响。基于买方与供应商的配送合同的类型，提出了供应过程的三种模型。模型1是1-配送合同，所有的订单量要么在当前周期以概率β配送，要么在下个周期以概率$1-\beta$配送；模型2也是1-配送合同，在当前周期配送订单数量的随机部分；订单量中不能配送的部分被取消；模型3类似于模型2，只是剩下的数量在下个周期配送。推导出了最优订单策略来最小化总订单、持有和延迟惩罚成本。

而供应商随机产出（即供应量是订单量随机比例的一部分）是供应不确定模型的研究热点。Gerchak、Wang和Yano（1994）探讨了当零部件制造或获取产出以及可能的装配产出，是随机的时候，在装配系统中选择最优批量的问题。在单周期模型下，未齐套的零部件残值为零，分析了几种不同的情况：n个零部件有相同的产出分布和成本，以及两个零部件有不同的产出分布和成本。Zimmer（2002）在供应不确定下，定义了供应商的产能限制因子α，即供应量对订单量的比例，假设其服从均匀分布。在缺货的情况下供应商需要制定产能外包最优量的决策，而制造商通过激励函数和惩罚成本等协调机制来确定最优订单量以影响供应商。Keren（2009）研究了特殊形式的单周期库存问题：随机供应（产出）且需求已知。提出了加法型和乘法型这两种类型的产出风险。分析揭示了在客户和生产商组成的二级供应链中，客户可以通过更多的订货量来获得最优，因此更大的订单会增加生产商的最优生产量。Li、Li和Cai（2012）进一步扩展了Keren（2009）的研究，考虑了由于随机产出供应所导致的供应链成员的利润损失。认为分销商和整个供应链的绩效总是被供应的不确定性所削弱，但生产商却可以从其生产产出不确定性中获益。Yan、Ji和Wan（2012）考虑了多个不可靠供应商按单个零售商的订单随机产出的问题，分析了独立的随机产出和相关的随机产出两种情况下，产出的不确定性对零售商利润和供应商选择的影响。认为供应商的批发价格的高低优于其可靠性；零售商可以在供应商的不可靠供应中获得更高的利益。Yano和Lee（1995）综述了当生产或购买产出是随机的时候，关于面向定量的方法以决定批量的文献。在随机产出的系统的情景中，讨论了关于成本建模、产出不确定和绩效的问题，并对随机产出的批量问题进行了分类。而Morton（1978）则是较早在多周期环境下研究该问题的文献之一。

除了供应数量的不确定性外，供应提前期（时间）的不确定性也是目前供应链研究的热点问题。Kouvelis和Li（2012）认为供应链的供应提前期较长及不确定的本质在于市场和生产工厂的地理分布的全球化，以及供应链过程的严重外包。特别是依赖来自遥远供应商的订单补给，增加了多重运作和中断风险，导致延迟地交付和未满足的需求。而能源和基础设施问题、设备失效以及自然或人为灾难（地震、洪水、飓风、恐怖袭击、工业事故、罢工）等都是典型的运作中的不确定性风险。Kouvelis和Tang（2012）同样认为全球供应链的产品移动距离更长、跨更多的国家边界和检查点，比过去传统的本地化供应链更长、更复杂，导致了供应提前期的不确定性，研究了通过加急赶工的策略来解决该问题。零售商面对提前期不确定的供应商，做出是否加急赶工以及加急赶工多少订单的最优决策。结果发现在采用了加急赶工选择后零售商在销售季的开始会下更多的订单量，从而让加急赶工成为安全提前期的替代，并充分利用了规模经济。Swinney（2011）还认为离岸制造产品（例如在亚洲生产并出口到美国或欧洲）导致了较长的生产和运货提前期，是供应与需求不匹配的关键原因。提出通过本地生产、提升信息系统和预测更新、多渠道生产和应急供应源、加紧赶工运输等方法来缩短提前期，让供应和需求更加匹配，减少或消除昂贵的短缺及超产浪费。Chauhan、Dolgui和Proth（2009）研究了零部件的提前期是随机的，但相关的分布函数可以提前已知情况下的定制产品装配方案。由于较高的零部件成本和风险，不设置零部件库存。目标函数是决定每个零部件的订单时间，以最小化总期望持有和延迟成本。提出了解决该问题的方法，并在随机产生的数据集上测试了该算法。Louly、Dolgui和Hnaien（2008）也考虑了零部件提前期是随机的情况下的装配系统的库存控制问题，研究了零部件供应的周期性的批量策略。决策变量是零部件的计划提前期，目标是最小化零部件的平均持有成本，同时为成品保持较高的客户服务水平。更精确地计算了当零部件的提前期不确定下的每个零部件的安全提前期或安全库存。Sajadieh、Jokar和Modarres（2008）在供应提前期是随机的情况下为集成的供应商-买方问题决定最优生产和发货策略开发了一个优化模型。目标是最小化买方和供应商的期望总成本。并提出了分析方案步骤来决定最优化策略。最后显示买方或供应商所用的集成方法相比于独立决策减少了成本。

由此可见，关于供应不确定性的文献研究主要分为两类：供应商的产能或产出（数量）是随机的模型和供应提前期（时间）是随机的模型。而供应数量以及供应时间的不确定性在本质上是一致的。现有文献所关注的仅仅是单个供应商与制造商、或下游分销商与多个零售商之间的关系，而针对供应链上游的多个供应商的不确定性对供应链的影响、不确定的供应商与供应商之间关系协调的研究比较少。因此，本论文侧重于考虑多个受到产能约束的随机产出的供应商，分析其不确定地零部件供应（在数量上）对下游制造商乃至整个供应链全局的库存影响，从而提出多个不确定地供应商之间所形成的横向协同供应模式。

2.1.2 需求的不确定性

在一个不确定的环境中，处于供应链末端的客户的订单需求往往也是不确定的。张涛和孙林岩（2005）认为客户在商业文化、技术层次、管理风格上的巨大差别以及物流、资金流和信息流的多样性、互动性和时间上的差异，是下游客户复杂性的特征。需求的不稳定是由于客户对订单的频繁修改和不规则购买而造成的。客户爱好的易变性、产品生命周期的缩短、市场上新的竞争产品等等，这些都会导致预测需求是非常困难的。甄杰（2012）认为客户需求的多样化、个性化，消费者购买行为相互影响以及产品生命周期的不确定等三种因素导致了需求的不确定性。Swinney（2011）认为消费者可能选择在认识到产品的价值之前提前购买产品，或者延迟购买决策直到获得有关产品价值的更多信息。这些都导致了需求的不确定性。Rastogi等（2011）在半导体供应网络中考虑了多个产品需求不确定的问题，提出了二级随机整数规划来对半导体供应网络建模。不仅使用该模型分析需求的变化如何影响制造/购买决策，还用来研究不同产品之间需求的相关性如何影响产能战略决策。Gurnani和Tang（1999）研究了当需求是不确定时，零售商在单一销售季中两个时刻制定最优的订单策略，通过使用在两次订货之间发现的市场信息来提高预测。考虑了由于制造环境的本质，第二个时刻的单元成本是不确定的并且可能比第一时刻的单元成本更高（或更低）。并描述了在一定条件下拖延订单直到第二时刻对于零售商是最优的。Federgruen和Yang（2008）面对不确定的需求采用了从多源采购供应的方法，其中假设需求服从正态概率分布。Ray、Li和Song（2005）研究了在一个随机需求且价格敏感的市场中连续的二级供应链，认为对于价格敏感的客户和不确定性的环境，分散化供应链是最没有效率的。并建立了最优定价策略来增加收入，也作为对付不确定性的战略工具。Sodhi和Tang（2009）考虑了供应链中不确定的需求和现金流。建立了多种模型和方案选择来管理当需求不确定时与未满足的需求、过量库存和现金流动性相关的风险。Frascatore和Mahmoodi（2008）认为当最终产品的需求是随机的时候，供应商有动机保持其相对低的产能以避免创造了不必要的产品。而制造商更喜欢供应商的产能较高以确保满足最终需求（的峰值）。提出了两种契约来吸引供应商增加其产能：商业关系可重复的长期合同；供应商由于太少产能而被惩罚的惩罚合同。结果表明：长期合同增加了供应链的潜在利润；惩罚合同能够确保供应商选择最优产能水平以便获得完全的潜在利润。

　　由此可见，大多数相关文献都把需求不确定性当作研究复杂、动态供应链的前提假设。因此，在本论文所建立的模型中，均假设供应链中最终产品的市场需求是不确定的，但其随机分布概率已知。这样的假设是合理的，也是有文献依据支持的。

2.1.3 供应链风险研究

风险管理是供应链协调研究中的重要问题之一。在不确定的环境中,供应链各成员会表现出一定的风险偏好,从而规避或转移不确定性风险的损失。Gan、Sethi和Yan(2005)考虑了由风险中立的供应商和下跌风险厌恶的零售商组成的供应链,认为传统的返销或收益共享契约无法协调该渠道。因此设计了风险共享契约来向零售商提供期望的下跌保护、向各成员提供保留的利润,从而实现渠道协调。Costantino和Pellegrino(2010)研究了在风险环境中制定采购战略的选择问题。认为单源采购放大了企业的风险(如供应商违约);多源采购则需要管理多个供应商而付出了更高的成本。从风险管理的角度提出了实物期权的方法来评价在管理供应商违约风险(相比于更高的成本)中的多源采购在概率上的好处。Babich、Burnetas和Ritchken(2007)研究了供应链中分裂风险的影响,其中一个零售商应付多个竞争的有风险的供应商,供应商可能在其生产提前期期间违约。研究结果显示:较低的供应商之间违约相关性减弱了供应商们之间的竞争,增加了均衡批发价格;而零售商更喜欢供应商们更高的违约相关性;供应商和渠道则喜欢违约是负相关的。Ravindran等(2010)认为单一地强调供应链成本,使得供应链对于分裂的风险更加脆弱、更容易受影响。从而开发了多准则供应商选择模型以吸收供应商风险,并应用该模型到一个全球性的IT公司。Wu等(2010)考虑了风险因素来决定供应商选择。使用了模拟的历史定量和定性数据来解决混沌的多目标规划模型。结果显示:当在供应商选择中考虑定性准则时,会影响某个供应商被选择的概率。Chan和Kumar(2007)也在供应商选择的多准则决策问题中考虑了成本、质量、服务性能等风险因素。所提出的模型不仅能够为组织提供选择全球供应商的框架,还有能力部署组织的战略给其供应商。Micheli、Cagno和DiGiulio(2009)认为风险正在变成供应绩效的决策驱动力,供应商选择可以用来转移供应风险,传统的供应商选择方法在不确定环境下并不是最优化的。从而提出了基于风险效率的供应商选择(REBaSS)方法,目的是评估EPC行业中REBaSS对供应的平均总成本的期望的正面经济影响,并鼓励用不同的方法来考虑供应商选择的供应风险。Ojala和Hallikas(2006)通过来自电子和金属行业的实证的证据,分析了企业所面临的与供应商们增加的责任和信息可靠性有关的合作伙伴关系的风险,目的是提高对买家主导的供应商网络中的投资决策制定和风险的理解。Talluri、Narasimhan和Chung(2010)研究了制造商如何最优化地在多个供应商中分配投资金额来最小化风险同时维护可接受的回报水平。发现了在合作条件下，提出最优化的制造商投资来获得高水平的风险减低的好处。Sinha、Whiteman和Malzahn（2004）使用了案例研究的方法，考虑在航空供应链中如何转移供应商的风险，提出了五种活动行为来形成机制来最小化冲突的目标。Hallikas等（2004）认为当企业间的依赖增加时，他们变得更加地暴露于其他企业的风险中，从而提出了在复杂网络环境中的风险管理方法。这有助于理解和管理供应商网络中的不确定性和风险，并基于案例研究提供了实证的证据。Camuffo、Furlan和Rettore（2007）针对在意大利高精确空调行业中的风险共享研究，认为供应商的环境不确定性越大、风险厌恶程度越强、道德风险越小，买家就能吸收更多的风险。并研究了风险共享与供应商大小、技术能力、财务稳定性和成本波动之间的关系。建议当供应商成长、发展技术能力和改变财务结构时，买家如何调整他们的风险共享战略。Okamuro（2001）使用日本汽车零配件的数据，阐述了供应商关系中的风险共享问题，并建议汽车制造商部分地吸收供应商的商业风险。

Matook、Lasch和Tamaschke（2009）为供应商风险管理开发了五阶段的框架，详细列出供应商风险识别、供应商风险评估、供应商风险报告和决策、供应商风险管理反馈、供应商风险绩效成果输出。管理者使用该框架以影响和提高他们与供应商的关系，有利于主动的供应商风险管理而不是被动的危机管理。Blackhurst、Scheibe和Johnson（2008）为汽车制造商开发一个供应商风险评估方法来测量、追踪和分析供应商和零部件随时间的特定风险。为汽车制造商提出了风险因子的框架，开发了多准则评分过程来计算零部件和供应商风险指数，从而进行风险评估和系统监控。Kull和Closs（2008）讨论了二级供应失败情景中的供应风险问题。认为当组织减少库存时，供应中断的潜在影响会增加；但增加的库存有时可能增加供应风险而不是减少。Sengun和Wasti（2007）讨论了信任、控制和风险的交互，通过在长期的供应合同中实证地测试，结果表明商誉信任与相关的风险无关，而输出控制和社会控制分别与关系风险和绩效风险正相关，商誉信任与绩效风险是正相关的。Hallikas、Virolainen和Tuominen（2002）论述了大型装配商与小供应商之间非对称的合作关系的风险管理。小公司高度依赖与大公司，可能导致中小企业显著的不确定性。认为依赖性和非对称性是两个主要的不确定性和高交易成本的驱动源。通过来自电子行业的实证分析，证实了需要更亲密的、长期的关系来最小化交易成本和风险。

上述文献关注的多数都是供应商与制造商、供应商与销售商的风险协调问题，通常都是供应商先做决策，买家（制造商或销售商）做出反应函数，形成了Stackelberg博弈。所规避的风险仅仅为市场需求的不确定性或单个不确定的供应商，而忽视了多个供应商的不确定性供应。根据各成员的不同风险偏好，通过价格折扣、销售回扣、回购、量柔性或收入共享等协调手段，其目的要么增加买家的订货量，要么降低批发价格和采购数量，最大化供应链成员各自的期望利润。因此，本论文是在考虑了供应链上游多个不确定供应商（供应风险）和不确定需求（市场风险）的情况下，针对核心制造商可能表现出来的多种规避态度偏好（下行损失规避、持有规避、缺货规避、信息完全共享等），研究如何在多供应商、第三方物流及制造商所组成的三级供应链中形成多种零部件协同供应模式，从而降低全局供应链的库存损失、提高各个成员的期望收益。

2.2 按订单装配（ATO）问题研究

为了应对市场需求的不确定性，装配-制造商往往采用ATO的生产方式，以消除成品库存并尽量减少零部件库存。为了实现产品的多样性并快速开发新产品，Song（2000）研究了一个典型的ATO库存系统：装配商仅持有采购或自制的零部件库存，只有当接受客户订单之后并且所需零部件齐套（kit）才开始装配最终产品，现有库存无法满足的需求将被延迟交付。在假设客户订单是多元复合泊松过程、零部件补给提前期是常量、产品装配时间忽略不计的情况下，采用了(R,nQ)库存策略，提出了ATO系统的关键绩效测度：订单满足率和基于订单的平均延迟。Ko、Choi和Seo（2011）认为产品的短生命周期和多样性增加了企业持有最终产品库存的风险。ATO系统研究的难点在于不同零部件的需求的相关性；零部件的不同的生产时间或提前期；满足订单所需的多种零部件的同时可用性（一个零部件的短缺意味着生产另一个零部件对系统绩效没有影响）。

因此众多零部件获取的提前期、数量及价格是ATO系统研究的重要问题之一。Fu、Hsu和Lee（2009）考虑了制造商的零部件获取问题，该制造商面临着对由许多零部件组成的单个产品的单周期随机需求。在需求实现之前，零部件可以提前按正常价格下订单，或者以更高的价格通过加急赶工零部件来延时补货。客户为了防止晚交货，对最终产品所支付的价格随交货提前期是非递增的。提出了价格最小化模型并开发有效的多项式时间算法来解决该问题。Xiao、Chen和Lee（2010）研究了单个产品、单周期的装配能力不确定的ATO系统。为了减少风险/成本，制造商可以提前装配。并且当需求实现时，可能需要进行加急赶工零部件订单。提出了利润最大化模型来优化库存和生产决策，用算例显示了需求和产能不确定性对ATO系统的影响，并建议在充分必要条件下应该采用提前装配的战略。Benjaafar和ElHafsi（2006）考虑了m个零部件、一个最终产品和n个客户类的ATO系统的最优生产和库存控制。控制策略规定了何时生产每个零部件，以及是否能够从现有库存满足需求订单。结果显示每个零部件的基本库存水平是动态的，并依赖所有其他零部件的库存水平；而每个零部件的最优库存分配是定量配给策略，不同的需求类别有不同的定量配给水平，并且每个零部件的定量配给水平也是动态的。Xu和Li（2007）考虑了多个零部件，单个产品的ATO系统，其面对频繁的、基于零部件的技术创新。研究了两种库存协调模式：一种是在战略级的，使用部分信息顺序地制定技术和库存决策；另一种是操作级别的，使用完全信息联合制定技术和库存决策。提出了混合技术库存协调模式，数值研究显示：混合策略在事实上能够获得优化操作级别上的协调绩效。Shao和Ji（2009）考虑由两个替代产品和三个由不同供应商制造的零部件所组成的ATO系统的战略价格决策，以及采购结构对系统性能的影响。产品的需求是价格敏感的，产品的售价由该系统中的企业联合决定。分析了在集中式决策中，存在唯一的最优价格方案；而在分布式决策中，在参与者的价格博弈中存在唯一的Nash均衡。结果发现减少供应商数量并不能保证系统性能的提高；而通过简单的利润共享合同，可以提高系统性能，使得分布式的系统能够有效地达到协调。Vidyarthi、Elhedhli和Jewkes（2009）以减少响应时间的战略为动机，来设计MTO和ATO供应链。模型中的客户需求到达是泊松过程、服务时间是正态分布。证实了在响应性供应链中，使用最小化的总成本的增加，就能够获得响应时间的显著地减少。而Cheng等（2012）研究了按PUSH过程制造零部件、按基于PULL的ATO过程装配最终产品的二级供应链系统。在服务水平和生产能力受到约束、需求高度不确定下，建立了非线性优化模型来最小化总库存成本，从而提出混合PUSH-PULL的ATO系统来同时实现PUSH系统提供的效率和PULL系统提供的灵活性。Pang、Chen和Feng（2012）把最优的联合订单和定价策略模型扩展到ATO系统。连续周期中的需求是价格敏感的，每个周期中所能装配的产品数量受到多种零部件正提前期的限制。分析结果表明：零部件的最优订单量随其库存水平及延迟订单时间而降低，随其他零部件的库存水平而增加；而最优价格随每个零部件的库存水平而降低，但其敏感度有限。

而当考虑多个零部件、多种产品时，ATO系统就变得异常复杂。Feng、Liu和Wan（2012）考虑了在一个典型的ATO系统中，一个客户订单由多种产品组成，当有若干被请求的产品发生缺货时，那么订单就要被延迟而无法正常交付。建立了(R, nQ)库存控制策略，提出了基于订单的延迟交付水平作为评价客户服务水平的关键测度。Fu、Hsu和Lee（2011）也针对多零部件、多产品的ATO系统，其中每个零部件供应工厂的生产能力有限、生产时间服从指数分布，各种零部件独立使用base-stock库存策略，需求订单的到达服从多元泊松过程，按先来先服务（FCFS）规则。提出并分析了三个基于订单的绩效测度：订单的平均等待时间、延迟订单的平均数量以及订单满足率。Plambeck（2008）研究了两级ATO系统。各种产品的客户订单必须在规定的提前期内满足，否则失去销售。如果所需要的全部零部件都在装配厂的库存中，产品就可以被立即装配。但每个零部件的生产厂在地理上远离装配厂，运输提前期是确定的。为了响应客户订单，提出了优化模型动态管理每个零部件的生产（赶工和报废回收）和发货，以及客户订单的装配顺序（如何分配稀缺的零部件给未完成的订单），从而最小化失去销售、生产和发货的期望折现成本。Lu、Song和Yao（2003）研究了零部件补货提前期是随机的ATO系统。有多个类型的产品，其订单到达服从批量泊松过程。基本库存策略被用来控制零部件库存。通过模型计算得出了订单完成绩效测量的近似解和范围，还验证了需求和提前期波动的影响，探索了提前获取需求信息的价值。Plambeck和Ward（2007）考虑在ATO系统中的多种产品由库存中的零部件快速装配以响应客户订单。当出现订单所需要的某些零部件缺货时，这些零部件必须被加急赶工。目标是使基本零部件生产和赶工的期望折现成本最小化。证明了在最优策略下，每一个零部件的最优生产和赶工策略是独立于所有其他零部件的。DeCroix、Song和Zipkin（2009）也考虑了多个产品的ATO系统，库存中仅持有零部件，成品被及时装配以响应客户需求。除了成品需求是随机的以外，会遇到零部件的随机返回，被返回的零部件可以再利用。认为零部件的返回使ATO系统的行为更加复杂，并采用了立即满足率、时间窗口中的满足率以及平均延迟交货量来近似计算基于订单的绩效测度。Shao（2012）研究的是在多个相互替代产品的ATO系统中，当发生供应中断时需求端（买家）的反应策略。考虑了低价值零部件和高价值零部件供应中断的两种情况，提出并比较了买家的四种反应策略的绩效：延迟交付策略、升级/降级策略、赔偿策略、混合策略。当购买行为是按照最大化盈余（愿意支付额与实际价格之差）时，分析结果显示：延迟交付策略是最坏的策略；而混合策略是最优的，能够保持更多的客户（总数至少保持不变）。

由此可见，现有的关于ATO系统的研究文献主要关注零部件的不同提前期（往往是固定的）、动态价格、订单提交规则、需求不确定性、加急或惩罚策略等等，而忽略了零部件供应（在数量上）的不确定性，特别是多种零部件供应均不确定的情况下，对ATO系统中的各个成员会产生哪些影响。因此，本论文把需求不确定和多零部件供应不确定作为出发点，在ATO系统中考虑了二级供应链结构和三级供应链结构、一种产品和两种产品的情况、零部件供应商有二个、三个及四个的情况，以及核心制造商不同偏好态度、不同的惩罚或加急赶工策略等，从而在基于ATO的生产方式下来建立零部件供应商之间的多种协同供应模式，并分析其对供应链中各个成员利益的价值及影响。

2.3 通用零部件问题研究

零部件通用性是以低成本获得产品多样性的关键因素（Song和Zhao，2009）。然而零部件通用性价值的理论都局限于库存相关的文献之中，现有的成果基本上都基于零提前期的单周期模型或周期性检查模型。在正提前期的连续检查系统中，虽然零部件通用性通常是有利的，但它的价值强烈地依赖零部件的成本、提前期和动态分配规则。Fisher、Ramdas和Ulrich（1999）同样认为企业向市场提供高度多样性、同时保持其运作的低成本的途径就是共享零部件。使用了汽车前刹车作为零部件共享的案例研究，发现刹车转子的最优数量是汽车重量、销售量、固定零部件设计和工具成本、可变成本、以及跨生产线模型的产量方差的函数。从而设计了有效的零部件共享战略并分析了影响该战略成功的各种因素。Baker、Magazine和Nuttle（1986）认为通用零部件的好处在于通过聚集效应（risk-pooling）在保持客户服务水平的同时，减低安全库存的投资。并研究了在两个产品、二级库存模型中，受到服务水平约束下，采用通用零部件对最优安全库存水平的影响。Gerchak、Magazine和Gamble（1988）扩展了Baker、Magazine和Nuttle（1986）的研究结果来考虑在服务水平约束下零部件通用性对库存水平的影响。在零部件生产时间较长、通用零部件发生短缺的情况下，通过反例证明聚集效应并不能降低零部件库存，而是提高了期望收入以弥补增加了的库存成本。并认为常发生短缺的通用零部件的最优库存可能会更高于所替代的专用零部件联合最优库存；当通用零部件太贵或不能提供相同的服务水平时，采用通用零部件并没有好处。Collier（1982）研究了聚集安全库存水平与零部件通用性之间的关系。在一个不确定的运作环境中，通过仿真实验来评估联合安全库存水平、服务水平和通用零部件标准程度之间的权衡，从而在零部件通用性发生变化时来预测服务水平、库存水平和成本。Hillier（2000）认为引入通用零部件来替换一些专用零部件可以降低安全库存（为了维持服务水平）水平。这在大多数的单周期模型可以节约（或损失）成本，但在多周期模型中并不总是如此。比较了采用零部件通用性和没有采用两种方案，结果显示：即使通用零部件比所替换的零部件更贵，在一定的情况下它仍然是值得采用的。Kazuhiro Izui等（2010）讨论了小规模生产系统的零部件通用性影响，打破了库存水平和配送提前期之间的权衡。通过在不同的产品中使用相同的零部件，库存维持成本可以大大地降低，但是零部件通用性的设计问题在本质上是复杂的，认为过度地采用通用性会降低产品性能，在产品性能和因零部件通用性而获得的成本降低之间存在权衡关系。Eynan和Rosenblatt（2007）在通用零部件的多产品环境中，研究了采用AIA（提前装配）和ATO（按订单装配）混合的装配策略。认为ATO可以从聚集效应中获益，但单一的ATO策略不是最优的，其成本比AIA要高；采用通用零部件可以减少提前装配的数量，增加ATO中的特殊零部件的数量。Mohebbi和Choobineh（2005）考虑了当需求是随机变化且零部件采购订单是随机延迟时，使用二级BOM的物料需求计划仿真器来研究引入通用零部件到ATO环境中的影响。通过使用仿真数据，ANOVA结果显示：零部件通用性受到需求和供应不确定性的影响，当两种不确定性同时存在时采用通用零部件存在显著的好处。Mirchandani和Mishra（2002）指出通用零部件广泛被用来延迟生产和加快新产品开发，但关键通用零部件的提前期较长、价格往往较昂贵。在服务水平约束下，建立了最优化模型以最小化零部件库存成本。结果显示：通用零部件基于聚集（所有产品）的需求预测以采购、存储，从而减少了库存成本、增加了在制品的灵活性和产品的多样性，把"PUSH-PULL"的结合点向客户端进行了推移。

虽然采用通用零部件后的库存优势非常明显，但是其效果和价值往往会受到其生产制造成本、库存成本、提前期、单位价格、通用性的程度、产品质量或差异化等各种因素的影响，使得相关研究更加复杂。Wazed，Ahmed和Nukman（2010）认为以前的文献没有考虑生产系统中的通用零部件被质量、机器停工和提前期的变化所干扰。从而研究了在多个产品、多周期、多级依赖的需求制造环境中的可交付参数的不确定因素（如提前期、机器停工）对采用通用零部件的影响。使用了WITNESS模拟仿真软件，发现在不确定的环境中以及较长的零部件获取提前期下，引入了通用零部件的制造系统总是比非通用零部件环境更加有效。Desai等（2001）认为带有通用性零部件的设计结构能够降低制造成本。然而，这样的设计可能妨碍了通过产品差异化获得高昂价格的能力。根据市场与制造之间的平衡，比较分析了三种可能的设计配置结构：专用性的、高价格通用性的，和基本通用性的。认为当高质量的零部件被做成通用的时候，向高端和低端消费者所提供产品的平均质量就增加了，从而导致更高的价格及更高的总收益。Hillier（2002）认为在ATO系统中使用少数的通用零部件代替一定数量的专用零部件，可以减少安全库存水平。以前的研究使用单周期模型，即使通用零部件比专用的贵一些，聚集效应带来的好处通常也超过了增加的购买成本。然而，多周期模型却往往不是如此：长期来看，增加的购买成本超过了聚集效应的好处。Heese和Swaminathan（2006）认为通用零部件获得限制地成本降低的同时，却减少了产品线的吸引力、从而导致收益降低。过多地考虑通用零部件对成本、聚集效应、产品复杂性的影响，会忽略对产品线的销售绩效的影响。分析了零部件通用性对产品差异化和相斥性的影响，提出如果只把成本节约考虑成为通用性决策的唯一或重要因素，会导致过分差异的低质量的产品线。Thonemann和Brandeau（2000）认为通用零部件降低了库存持有量及复杂性成本，但增加了最终产品的成本。研究了只有当客户看不出产品的差异时，才能使用通用零部件；而能够显著节约成本的只是用通用零部件替换那些低需求（通用特性较多）的零部件。但产品的零部件应该采用全通用、部分通用还是专用，其效果还要取决于提前期内需求的波动性以及复杂性成本的高低。Dong和Chen（2005）有效地研究了零部件通用性对集成的供应链网络绩效的影响，定义了一个新的分析零部件通用性的指标，它包含零部件级别的通用性指数和产品级别的通用性指数。方差分析Tukey测试的结果显示：当把高度通用的零部件的集成供应链与低度通用的相比较时，在性能指标上存在显著的差别，如配送时间、订单满足率。Chod，Pyke和Rudi（2010）认为通用零部件提高了生产的灵活性，但灵活性的价值、期望利润受到需求波动、产品需求相关性以及整个产品线的零部件通用性的影响。并证明了只有当相关联的产品之间的通用性没有超过阈值时，其价值和期望利润会随需求相关性的增加而增长。Bernstein，Kok和Xie（2011）认为产品更高的多样性减少了每种产品的需求、增加每种产品需求的波动性，导致制造过程更加复杂。而对通用零部件的聚集效应缓解了产品需求波动性带来的成本增加，特别是在需求特征是消费者趋势跟从（TR）类型时。Shao和Ji（2009）考虑由两个替代产品和三个由不同供应商制造的零部件所组成的ATO系统的战略价格决策，以及采购结构对系统性能的影响。提出当两个专用零部件的采购来自单个供应商，通用零部件的采购来自另一个独立的供应商时，系统性能和装配商的性能变得更差。分散式的系统反而能够有效地协调，系统性能可以用简单的利润共享合同来提高。DeCroix、Song和Zipkin（2009）还在多个产品的ATO系统中考虑了产品数量、零部件提前期，以及零部件返回的不同模式（联合或独立返回、通用或专用零部件的返回）对零部件通用性的影响。Xiao，Chen和Lee（2010）研究了客户到达模式不确定对通用零部件的聚集效应的影响。考虑了当低优先级客户（购买低收入产品）先到达时，而制造商在接受该订单后必须立即确定所提供产品的数量，制造商如何进行最优的库存和生产决策，从而在满足高优先级客户需求（购买高收入产品）后再使用剩下的零部件库存满足低优先级客户需求。

而当多种零部件供应不确定，特别是通用零部件短缺时，采用什么样的零部件分配机制，会对供应链的绩效产生重要影响。Wee和Dada（2010）认为零部件的通用性是制造系统的本质特点，并建立了一个产品分配机制以推迟库存提交。该机制采用了先用先服务（FUFS）的方法，即只有当所有其他所需零部件都可用时一个零部件才被提交给一个订单。而零部件只有当其库存低于临界值时才开始生产。结果显示FUFS在大多数系统绩效准测上都优于先来先服务FCFS。Chen-Ritzo等（2011）考虑了当订单配置不确定时，在多个产品中定量分配通用零部件的问题。建立了定量分配策略的阈值以最大化期望收入，通过与FCFS策略的比较，显示了定量分配通用零部件的好处及其对（受通用零部件约束）产品收入变化的关联性。Bernstein，DeCroix和Wang（2011）认为在由一个通用零部件和多个专用零部件装配而成的多种产品的ATO系统中，FCFS策略无法提高收入。当通用零部件产能受约束时，提出先进行产能决策，然后聚集一段时期的需求，最后基于聚集的需求进行通用零部件分配决策来装配产品。从而在通用零部件的延迟分配获得的利润、零部件的最优产能组合及客户的耐性之间达到平衡。Dogru，Reiman和Wang（2010）针对采用了通用零部件的W模型，提出了不同于先进先出（FIFO）的策略，使用了随机规划（SP）来开发库存补货和分配策略以允许优先分配零部件来最小化总库存成，并证明了SP的松弛解提供了更低的总库存成本范围。Agrawal和Cohen（2001）认为短缺的通用零部件如何分配给成品订单，是装配系统绩效的中心。提出基于公平共享的零部件分配方法，定量分析了当零部件短缺时零部件库存策略对成品的延时和对产品订单完成率的影响。Lu、Song和Zhao（2010）在连续检查的正提前期ATO系统中分析了通用零部件的分配规则问题，称为no-holdback（NHB）规则，即分配一个零部件给产品需求仅当它将产生该需求的立即满足。发现了在一定的量度以及成本和产品结构的环境下，NHB规则优于所有其他分配规则。

由此可见，关于通用零部件的问题是研究ATO系统中的一个重要内容和环节。而现有的文献往往偏重于产品的多样性、零部件库存的聚集效应、通用零部件的分配规则、产品采用零部件的通用程度（指数）等等，而忽略了最基本的通用零部件供应商与专用零部件供应商之间的关系协调问题。特别是当多种零部件的供应是不确定的时候，通用或专用零部件的不确定供应对整个供应链库存的影响程度是不一样的，通用或专用零部件供应商对于形成协调或协同的主动性或积极性也是不同的。因此，本论文在供应和需求不确定的环境中，把通用零部件引入到ATO系统中，从而建立通用零部件供应商与多个专用零部件供应商所形成的不同的协同供应模式，并分析不同的零部件相关成本、协同努力因子、末位惩罚力度等因素对各成员及全局供应链利益的影响。

2.4 供应链协调与协同问题研究

2.4.1 供应商-制造商关系

在传统的供应链协调文献中，最基本的研究对象是供应商与制造商之间的关系研究。Andersson和Gronhaug（2010）研究了供应商与其主要制造商之间关系的自适应行为。通过对制造商的调查和对其关键人物的访谈，结果发现过去研究的"自治的适应"不足以

解释供应商-
制造商关系的动态性；而供应商进行的内部自适应是有目的性的、相互关联的、面向改变或调整，对供应商自身也是有益的。例如供应商往往被制造商要求修改产品或配送（超过产能的）数量，如果供应商能够正面响应这些信号，就显示了自适应的行为。Goffin、Lemke和Szwejczewski（2006）认为与有选择的供应商之间的密切关系能使制造商减少成本，提高质量并提升新产品的开发。使用了心理学的技术来访谈39位负责采购的经理，提出除了传统文献中亲密协作的优点以外，如高质量、合理价格、可靠的配送的零部件，制造商应该看待供应商从"事务性"、"对抗性"转变到考虑供应商的能力、所提供的综合服务、财务稳定性、甚至企业文化。从而提高了对制造商-
供应商关系的特性的认识，建立了新的可行方法来理解制造商-
供应商伙伴关系的复杂主题，最终使得制造商其供应商那里获得更多利益。Szwejczewski、
Lemke和Goffin（2005）认为有效的供应商管理是制造商提升其性能的途径之一。相比较于传统的价格驱动的事务型关系，应该发展与供应商之间更亲密的伙伴关系。并以德国的制造业为例进行探索性研究，通过与采购经理的深度访谈，提出了制造商如何管理其供应商、如何利用供应商的关系的最佳管理实践。Kim和Oh（2005）关注于制造商和供应商为了质量提升和新产品开发，根据各方不同的资源承担、不同的盈利能力，形成战略伙伴关系以实现议价能力的平衡。使用了来自电信公司的真实数据、采用系统动态仿真方法，研究了决策制定过程的结构变化如何对战略协同关系中各成员的性能产生影响。从而使供应链成员能够从其协同中期望更好的性能，让各方成员的利润最大化。Jr、Parameswaran
和Pisharodi（2008）认为为了保持低成本，制造商对供应商施加减价压力是保持制造商强势竞争地位的一个重要途径；而与供应商相互信任的工作关系处也有助于加强制造商的竞争地位。其研究目的就是确定制造商的降价压力与被施加压力的供应商的信任工作关系是否能够共存（通常被认为是互斥的）。使用了结构方程模型方法来分析覆盖946个生产购买情况的数据，涉及279个供应商和6个NA汽车OEM。结果表明影响制造商-
供应商关系的不是该降价压力本身，而是制造商向供应商压低价格的行为处理方式。

可见，供应商与制造商之间的关系是供应链中关系协调的最基本内容之一，如果处理不当，受影响的不仅是各成员自身，而且整个供应链全局利益都会受损。但现有的大多数文献关注的是单个供应商与制造商之间的关系，而本论文的是从多个供应商与制造商的视角出发，来研究多个协同的零部件供应商与下游制造商的协调关系问题。

2.4.2 供应商-制造商之间纵向协调

通过事先制定的供应契约，往往是核心成员（如制造商）先发布（激励或惩罚等）契约条款以让其他成员（如供应商）做最优决策，把供应商和制造商各自的最优目标变成整个供应链的最优目标，从而实现渠道的协调。Chan和Chan（2010）认为协调是一个重要的要素以提升受系统动态性约束的供应链的绩效，并考虑了受供应链动态性影响的各个成员间的库存协调管理问题。通过综述一百多篇研究文献，大多采用了分析的方法或模拟仿真方法，结论揭示了关于供应链协调与供应链系统动态之间关系的见解。Katok、Thomas和Davis（2008）认为服务水平协议（SLA）是一种重要的，但被研究忽略了的协调机制。考虑了两种契约参数的影响：检查周期的长度；匹配或超过目标服务水平的奖励数量。研究发现增加奖励就会增加供应商的最优存货水平，而加长检查周期可能增加或降低最优存货水平；在实践中，更长的检查周期更加有效地导致了更高的存货水平、更加有效地提升了服务水平。Giard和Mendy（2008）考虑了在大量订制的环境中，当供应商的加工过程不是完全可靠时，调度机制的协调问题。提出了新的调度协调规则，允许在不可靠的环境中同步地生产，以避免缺货和降低安全库存。该种新方法已经在汽车工业作为合适的方法成为标杆。Gupta和Weerawat（2008）比较了三种不同的协调机制，认为规定零部件库存水平和与供应商共享所挣得的收入（所谓简单收入共享）均无法导致供应链协调。提出两部分收入共享模式，使得零部件供应商可以从其生产设施的高利用率上获得利益，同时制造商从过量的产能中获得利益，从而实现了渠道的协调。Li和Xiao（2004）考虑在多阶段的生产过程中的机器被不同的公司拥有和管理下，跨生产过程的多个阶段批量分解协调问题。提出并分析了协调机制使得供应链中的不同成员能够协调他们的批量分解决策，从而获得系统范围的优化。

而激励或惩罚契约是协调供应链各成员之间关系的常见机制之一。Yao、Dong和Dresner（2010）认为制造商可以在VMI协议下与分销商使用激励合同来获得市场份额。制造商承诺分销商更低的库存水平，作为交换，分销商努力把潜在的因缺货而产生的脱销转变成延迟交货。使用了来自第三方信息服务提供商收集的数据显示：在VMI下的激励契约能够有效地降低分销商的库存水平和持有成本、同时提高制造商的收入和市场份额，从而协调了各成员之间的关系。Chiadamrong和Prasertwattana（2006）研究了如何建立激励模式来在供应链中提供可靠的、真实的信息的问题。针对一个制造商和一个零售商的二元关系，考虑了随机的需求和提前期。研究显示带有财务（数量折扣或补贴）激励模式的协调策略优于传统的集中决策，提升的是整个渠道的可盈利性。Prasetwattana、Shimizu和Chiadamrong（2007）使用了差分进化（DE）的方法来研究供应链系统的物料订单和库存控制问题，分析了不同的供应系统配置对控制策略的影响。认为激励模式协同策略胜过其他的策略并且能够提升整个系统和所有成员的绩效。Schwartz（1966）扩展了经典的库存理论假设：缺货产生对公司的惩罚成本，通常只与需求超过供应的数量成比例。认为该假设没有正确地反映出声誉损失的影响，失望的客户的未来反应是改变他们的购买习惯。从而建立了不同于立即强加的惩罚成本的后续需求扰动（PD）模型，来决定最优的策略。Liberopoulos等（2010）也认为经典的延迟订单惩罚成本系数b的值，反应的并不是未来声誉损失的无形的不利影响的程度，而是对未来需求的改变。提出长期需求率是对客户接受缺货的"失望因子"（即需求满足率的补集）的递减的、严格凸函数。Gan，Sethi和Zhou（2010）提出在供应商与零售商之间制定承诺-惩罚契约：零售商订单不得低于其承诺数量，供应商为未满足的订单受到惩罚。从而让拥有更多客户需求信息的零售商提交更确定性（而不是过分放大需求）的订单；让（经常发生库存短缺的）供应商在不拥有过多库存的同时提供更加确定性的供应。Ching，Choi和Huang（2011）在供应商选择（SS）或供应商分配（SA）中引入了惩罚机制：当到货时间超过合同承诺的水平时，供应商会受到固定的惩罚。研究结果表明：惩罚水平的增加可以导致供应商服务能力的增加；当买家通过竞争来促使多个供应商提供更短的承诺到货时间时，使用提高惩罚水平对买家总是有利的。Hou和Zhao（2012）考虑了在多源采购下零售商与后备供应商之间带有惩罚机制的后备协议：后备供应商同意预留一定数量的产品，在销售期末之前，零售商购买部分或全部产品，但为每个没有购买的产品支付惩罚成本。结果显示该协议可以缓解供应中断和需求不确定性。Cohen和Yano（2011）提出了供应商希望驱动的"预测-承诺"契约：客户为将来的订单提供预测并保证购买其中一部分；供应商承诺满足部分或全部的预测量，并为承诺数量（少于预测量）的短缺受到惩罚，还为来自客户最后的订单（不会超过承诺量）的实际配送量的短缺受到惩罚。结果表明：该契约能够以配送承诺的形式提供良好的服务来从客户换取合理的预测和购买承诺，在大多时候获得供应链（近似）协调。Sieke，Seifert和Thonemann（2012）认为供应契约（例如回购、收益共享等）能够用来协调供应链成员的活动行为，并强调了持续监控供应商的服务水平并实施惩罚是确保高供应链绩效的重要因素，从而提出了由制造商设计的基于服务水平的供应契约。当供应商没有达到规定的服务水平时，就要支付固定的和（按缺货数量）可变的惩罚。设计了最优的服务水平和契约参数以实现供应商与制造商的协调。

由此可见，现有的关于供应链协调的研究文献往往关注供应商与制造商之间、或分销商与零售商之间的纵向的（vertical）关系问题，运用的协调机制大多数为数量折扣、回购、价格补贴、激励或惩罚等等，而忽略了多个供应商与供应商之间横向的（horizontal）关系问题。因此，本论文主要关注供应商与供应商之间的横向协同关系，在传统的协调机制无法直接使用或效果（受局限）不显著时，提出多种不同的、新型的零部件供应商协同模式。

2.4.3 供应商-供应商关系

横向的供应商与供应商之间的关系是重要但又常常被忽视的问题。Wu和Choi（2005）研究了买方公司如何管理供应商-供应商之间的关系。认为供应商之间的关系对买方具有战略含义。提出八个案例来描述供应商-供应商关系的动态，并总结了Conflicting、Contracting、Dog-fighting、Networking、Transacting等五种供应商-供应商关系的原型。Wu、Choi和Rungtusanatham（2010）在买家-供应商-供应商三元关系中研究了供应商-供应商的关系，以及这样的关系对供应商的影响。认为供应商-供应商关系是竞合关系，即竞争的供应商一起工作来满足买家的需求。买家作为合同实体，影响着供应商的行为以及他们之间的关系。买家除了管理其供应商的关系以外，还需要主动管理这些供应商们之间的关系。Lazzarini、Claro和Mesquita（2008）研究了买家-供应商（垂直级）以及供应商-供应商（水平级）联盟如何交互的重要机制。有些研究认为它们相互增强（即：水平级别的学习对垂直级别产生正面溢出效果），另一些研究提出负面的相互影响（即：当增加垂直级别的密度时，供应商可能弱化水平级别以避免来自希望保留议价能力的卖家的报复）。并使用了来自巴西汽车零配件工业的调查数据，提出垂直和水平联盟之间的正面或负面相互影响依赖于货物交换的不确定性水平。Yang等（2011）考虑了由两个互补的不同提前期的供应商和一个零售商所组成供应链的零部件采购问题。在向提前期长的供应商1下订单之后，在向提前期短的供应商2下订单之前，零售商可以更新其对产品的需求预测，以部分地取消其对供应商1的订单。分析显示如果两个供应商提供返回策略并且供应商1对零售商取消订单进行惩罚，那么供应链可以是协调的；当需求是价格依赖时，收入共享合同可以用来协调供应链；当未来市场需求充分大时，供应商是有动力来协调供应链的。

由此可见，关于供应商与供应商之间的关系协调或协同的研究文献较少，特别是在供应不确定的情况下，多个不确定的供应商之间的关系、不确定的供应商与确定的供应商之间、多个不确定的通用与专用供应商之间的关系等等，以及多个供应商形成协同后与下游制造商的关系，这些都是现存的文献所忽略的问题。因此，本论文把供应商与供应商之间的协同关系作为重点研究对象，并考虑随机产出或固定产出、第三方物流服务、通用或专用等多种不同的类型对零部件协同供应模式的影响。

2.4.4 第三方物流（集配中心或Supply-Hub）

核心制造商为了规避供应和需求不确定性的损失，往往引入第三方的物流厂商来承担对上游多个供应商的零部件订货、采购、存储和对下游制造商的零部件直送工位（生产线）的任务。Hendriks等（2012）考虑了第三方物流服务提供商（LSP）从供应商到消费者分销不同产品的问题。认为LSP能够通过暂时地在仓库中存储产品而不是直接从供应商运送到消费者，能够补偿供应和需求的随机性。Barnes等（2000）首次提出Supply-Hub在位置上通常靠近制造商的工厂，其所有或部分供应商都设有仓库并签协议只有当物料被消耗时才付款。认为Supply-
Hub是一个创新的战略，特别是被电子行业所采用来获得成本的降低和响应性的提高。Shah和Gohb（2006）论述了Supply-
Hub的客户和上游供应商的联合运作管理。考虑了不同的运作条件，即延时订单、最小最大规定的库存水平。提出了运作在VMI计划下的关于更好的管理供应商的见解。Cheo

ng等（2007）也提出建立类似的第三方物流Hub（3PL-Hub）把来自多个供应商的不同原材料、零部件直接配送到不同的生产装配工厂，从而实现供应物流协同，使整个供应链的物流绩效最优化。国内学者马士华等（2008）基于Supply-Hub研究了生产和配送协同决策问题：分别在供应商集配商分散决策、集配商联合决策的情况下，构建生产和配送协同决策模型。结果表明，当集配商联合决策时，与分散决策相比，供应链系统单位时间的生产调整准备成本和物流成本有较大幅度下降，集配商和制造商单位时间的物流成本大大降低，而供应商的生产和配送成本则有不同程度的增加。黎继子等（2009）为探讨供应链上游环节结构变化对供应链设计的影响，根据物料清单特点，及它与供应商多层属性的相关关系，建立了没有供应中心、单级供应中心和两级供应中心的Supply-Hub供应链设计模型。龚凤美和马士华（2007）分析了基于3PL-Hub的直送工位模式的优势及其对上游各个供应商的影响，从而更好地支持顾客化定制的生产、及时响应客户的需求。Dablanc和Ross（2012）以美国最大的都市之一亚特兰大为例，研究了运货和物流活动的空间模式，提出了物流中心（logistics center）的计划和策略问题。Trappey等（2011）以台湾制造业为背景，描述了如何通用地、快速地实现集成的logistics hub参考模型，从而实现信息共享、提高配送服务和更好的仓库管理和客户服务。而这些文献往往侧重网络设计、仓储运输、联合运送等问题。

因此，本论文也考虑了在引入了第三方物流（集配中心或Supply-Hub）的情况下，随机产出的供应商、固定产出的供应商、集配中心及制造商之间如何形成不同的零部件协同供应模式，哪些成员更具有协同的主动性？在哪些成员的主导下更能够体现协同的价值？

2.4.5 供应链中的信息共享机制

信息共享是协调供应链上各成员进行集中决策的重要机制之一。Porter和Millar（1985）首次提出信息技术能够有助于商业战略实现过程，通过使用信息系统，公司能够更加精确地衡量他们的活动并有助于激励经理们成功地实现战略。Lee、Padmanabhan和Whang（1997）认为从供应链的一端到另一端的扭曲的信息导致了极低的效率：过量的库存投资、低劣的客户服务、收入降低、错误的产能计划、低效率的运输、低效的生产调度。Lee、Padmanabhan和Whang（2004）认为以"订单"形式传递的信息易于被扭曲并且可能误导上游成员的库存和生产决策。提出了供应链中的"牛鞭效应"，并认为信息共享能够降低或消除信息扭曲的现象。Lee、So和Tang（2000）提出许多公司已经开始着手主动让更多的需求信息在零售商和他们的上游供应商之间共享。使用了分析模型来研究两级供应链的问题，认为当需求显著地与时间相关时，需求信息共享的价值特别高。Gavirneni、Kapuscinski和Tayur（1999）合并了供应商和零售商之间的信息流，在产能限制的情况下，提出了三种模型来研究产能、库存和在供应商级别的信息之间的关系，以及他们如何被零售商的库存策略参数值和最终产品需求分布所影响。评估了供应商由于信息流而产生的节约，并研究了信息何时最有价值。

而近年来云计算的出现可以大大减少信息共享的成本。Vouk（2008）认为云计算通过面向服务的架构，以更大的灵活性、按需服务等，减少了采用信息技术的总成本和对最终用户的负担。Marston等（2011）、Misra和Mondal（2011）认为云计算蕴含大量的商业利益，提出企业需要从商业中考虑云计算技术，以获得其潜在价值。但是当越来越多的企业商业信息被放在云中时，安全性、数据私有性和数据受保护性的复杂性等问题就暴露出来（Subashini和Kavitha，2011）。Jaeger、Lin和Grimes（2008）也提出了许多关于信息政策的问题，包括私有性、安全性、可靠性、访问和规则的问题。

正是由于担心私有、敏感的商业信息被供应链中的其他成员利用或泄漏给其竞争对手，在供应链管理的实践中，实现完全的信息共享还比较困难。因此，国内外学者提出把"安全多方计算"应用到供应链成员的信息共享中。Yao（1982）首次提出了"安全多方计算"的理论。Atallah等（2003）研究了安全供应链协同协议，能够在不透露任何成员的私有信息的前提下，让供应链成员合作性地获得所期望的全局目标。Pibernik等（2011）认为安全多方计算是解决信息共享障碍的重要途径，并成功用来制定"联合经济批量（JELS）模型"的集中决策。国内学者鲁芳等（2009）使用了安全多方计算中的同态加密的性质来解决一个供应商和一个零售商的私有成本信息的联合订货决策问题，结果表明能够达到完全信息共享的决策效果。董绍辉等（2009）提出了基于安全多方计算的按比例和线性安全产能分配机制，以确保制造商产能分配活动顺利进行、零售商获得合理的分配量，同时也会不泄露参与者的私有信息。谢翠华等（2009）也采用了安全多方计算，既保护了参与方私有信息的安全，又使得多产品联合订货的供应链总成本最小化。

由此可见，虽然在供应链中进行信息共享的价值是可观的，但在其实践中会受到很多条件的制约。而"安全多方计算"作为新的信息共享机制，相关的研究文献比较少。因此，本论文在多个专用零部件供应商、通用零部件供应商、制造商之间引入了"安全多方计算"协议，从而形成零部件协同供应的新模式，在确保供应商的私有、敏感产能信息不被泄露的同时，还能够得到供应链各个成员所需要的协同集中决策的效果和价值。

2.5 本章小结

从以上研究文献可以看出，供应链协调、协同是缓解或试图消除供应和需求不确定性影响的重要机制之一，特别是其中的ATO系统、通用零部件及第三方物流等方向，都是研究的热点，许多研究者都对该领域做出了一定的贡献，取得了相当丰厚的研究成果。但现有的文献要么考虑的是供应商-制造商这样的一对一的协调机制、要么考虑的是供应链下游的制造商或分销商-零售商这样的一对多的契约协调。并且在供应链的协调研究中并没有把供求的不确定性、第三方物流（集配中心）、各成员的规避态度偏好、零部件的通用性、信息共享等结合起来进行综合考虑。

因此，本论文以供应链的上游为出发点，关注的是多个供应商对单个制造商的不确定的零部件协同供应问题，这比以往文献的研究问题要困难、复杂得多。其研究重点在于不确定环境下的ATO生产方式中，多个供应商之间的零部件协同供应模式创新、第三方物流对协同供应的影响、核心成员对不确定性的规避态度对不同协同供应模式的影响、通用零部件供应商与多个专用零部件供应商之间的协同供应以及新的信息共享机制。最终形成不确定环境下基于ATO的零部件协同供应模式，使得供需更加匹配，从而在供应商与供应商之间、协同的多供应商与制造商之间建立新型的供应链成员伙伴关系。本论文试图在上述各方面做出研究成果，以丰富和完善供应链协同运作的理论与方法，为供应链实践提供管理上的洞见。

3 供求不确定下零部件供应商之间横向协同研究

3.1 引言

在越来越复杂与激烈的企业竞争中，供应链协同能够让其中各个成员建立长期的战略合作伙伴关系，使得上游、下游的企业联系更加紧密，让整个供应链效率和性能得到提高。特别是在大型装配-
制造行业中，例如：汽车、船舶制造以及电脑、手机等消费电子产业，按订单装配ATO（Assemble-To-
Order）已经成为使用得最普遍、最有效的生产运作管理方式之一，同时也是供应链协同研究中问题最集中的热点领域。为了及时地满足最终客户的产品需求，在ATO的生产方式下，核心制造商往往要在客户需求订单到达之前提前向上游的多个零部件供应商下达采购订单，当收到客户订单后即可开始组织生产装配成最终产品。通常制造商不会过早地下达采购订单、也不会维持过多的零部件库存、更不会生产超过订单需求量的产品，从而尽可能地减少库存浪费、降低供应和需求不确定所带来的风险。因此，这就对供应链中各级成员之间的协同能力提出了更高的要求。

最终产品的客户在商业文化、技术层次、管理风格上的巨大差别以及物流、资金流和信息流的多样性、互动性和时间上的差异，导致了供应链下游客户行为的复杂性。而客户对需求订单的频繁修改以及不规则购买造成了订单需求的不稳定性。客户需求偏好的易变性、产品生命周期的缩短、市场上新的竞争产品等等，这些都会导致预测客户需求的困难性和不准确性（张涛和孙林岩，2005）。当供应链中的核心制造企业面临下游客户不确定的需求的同时，更加严峻的是还要面临上游多个零部件供应商的不确定的供应。零部件生产的复杂性是供应不确定的首要原因。特别是一些关键的核心零部件如计算机中的CPU、汽车发动机、手机芯片等等，制造商对其质量要求是非常高的，往往会出现返工而耽误了机器加工的时间（Ciarallo、Akella和Morton，1994）。另外由于机器的意外损坏而进行计划外的修理或维护，导致机器不可用，使得供应商的产能不确定，影响了对制造商的零部件供应时间和供应量（Henig和Gerchak，1990）。例如2010年Apple公司在全世界热销的iPhone4手机，由于关键零部件IPS液晶屏幕的唯一供应商--

韩国LG电子旗下的LGD株式会社--产能不足、良品率不高，导致iPhone4全球缺货、无法满足消费者的需求。其次是一些人为的或不可抗力的自然灾害，例如日本爱信精机株式会社的火灾，使其对丰田汽车的关键制动阀门的供应中断。日本国内的20个丰田制造厂只存贮了够用4个小时的库存，因而不得不关闭，每天损失14000辆的产量。2011年3月11日的日本大地震让本田汽车的零部件供应商遭受损坏而关闭，使得其供应链下游的四家整车工厂停产，客户订单无限期延误；东芝公司的半导体工厂和鹿岛钢铁厂的无限期停产，让供应链下游的工程项目纷纷停工或延误。而一种最终产品通常由多个零部件装配而成，种类繁多、工艺复杂、甚至涉及到进口时因海关手续冗长而拖延时间，常常导致多个零部件的供应数量不匹配、提前期长短不一致。使得核心制造商由于少量甚至一种零部件短缺而中断生产，以致发生缺货或延时交货的情况。不仅增加了制造商的零部件持有成本，还造成了客户对制造商的缺货惩罚成本。

在上游不确定的供应和下游不确定的需求的双重压力下，供应链中的核心企业往往会采取传统的供应链协调的机制，通过制定契约规则来平衡供应商-制造商-客户之间的利益冲突。通常使用的协调技术包括: 数量价格折扣、回购(buy-back)、返现、供应商库存管理(VMI)、激励或惩罚等，往往基于短期（单周期）的合作、使用契约条款等来约束相关利益方。其所关注的重点是供应商与制造商之间、制造商与客户之间的垂直关系，本论文把这样的供应链协调称之为纵向（vertically）协同。而本章的研究重点在于多个零部件供应商与供应商之间不同的横向（horizontally）协同模式，实现让多个供应商向下游的制造商进行零部件协同供应，从而减少制造商的库存浪费、降低缺货损失、提高其利润。

3.2 问题假设与符号描述

考虑由两个零部件供应商和单个制造（装配）商所组成的ATO式的二级供应链系统。仅生产一种最终产品，由这两种零部件按1:1的数量比例装配而成。制造商先提前分别向其上游的两个供应商下达零部件订单Q_1和Q_2，然后下游客户产生实际产品需求订单D，等零部件到货后制造商再立即组织零部件开始装配。需求量D是不确定的，但是其分布情况可以从历史数据推测得出。在单周期情况下，假设制造商是不持有零部件库存的。由于零部件供应数量的不确定性,实际到货的零部件数量仅为k_1Q_1和k_2Q_2,其中k_1,k_2($0<k_1,k_2<1$)称为供应因子并且制造商已知其分布情况,但不会对供应商进行缺货惩罚。不考虑供应商的提前期和制造商的装配时间。两种零部件必须齐套才能装配成最终产品(Song,2000;Cheng等,2012),因此制造商能够实际完成交付的订单数量为$\min(D, k_1Q_1, k_2Q_2)$。客户对缺货部分进行惩罚;多余的未使用零部件会产生持有成本。由于供应和需求的不确定性和随机性,会产出如表3.1中的几种情况:

表3.1 供求不确定的各种情况

供求情况	制造商的损失
$k_1Q_1 > k_2Q_2 > D$	两种零部件都有剩余;最终产品不缺货
$D > k_1Q_1 > k_2Q_2$	零部件1有剩余;最终产品发生缺货
$k_1Q_1 > D > k_2Q_2$	零部件1有剩余;最终产品发生缺货
$k_2Q_2 > k_1Q_1 > D$	两种零部件都有剩余;最终产品不缺货
$D > k_2Q_2 > k_1Q_1$	零部件2有剩余;最终产品发生缺货
$k_2Q_2 > D > k_1Q_1$	零部件2有剩余;最终产品发生缺货

具体的符号描述如下:

D:最终产品的需求量,其密度函数$g(\cdot)$和分布函数$G(\cdot)$已知;

Q_1, Q_2:制造商对两个供应商的零部件订单量;

k_1, k_2:两个供应商的供应因子,独立同分布,其密度函数$f(\cdot)$和分布函数$F(\cdot)$已知;

w:最终产品的单位缺货成本;

h_1, h_2:两种零部件的单位持有成本;

3.3 供应与需求不确定下供应链中的库存损失

当供应和需求均不确定时,会对制造商产生库存的损失成本:

$$C_Z = w[D - \min(k_1Q_1, k_2Q_2)]^+ \\ + h_1[k_1Q_1 - \min(D, k_2Q_2)]^+ + h_2[k_2Q_2 - \min(D, k_1Q_1)]^+ \tag{3.1}$$

其中第一项为制造商的缺货惩罚成本;第二、三项分别为剩余两种零部件的持有成本(溢出库存成本),是由两种零部件供应数量不匹配或过多而引起的。

在3.2的前提假设中，供应商不会因为零部件缺货而受到制造商惩罚，因此供应商并没有库存损失，供求不确定的所有损失都由制造商来承担。此时，制造商的决策目标为：

$$\min(E(C_Z)) \qquad (3.2)$$

其中决策变量是两种零部件的订单量 $\vec{Q}=(Q_1,Q_2)$。

命题3.1：在不确定环境下，当满足一定条件时，制造商的期望库存损失成本是关于订单量的凸函数；存在唯一的最优订单量 $\vec{Q}^*$ 使得期望库存损失成本最小化。

证明：令 $Q=Q_1=Q_2$，把式（3.1）的期望按积分形式展开，得到：

$$\begin{aligned}
E(C_Z) = & w[\int_{k_1Q}^{\infty}\int_0^1\int_0^{k_2}(D-k_1Q)f(k_1)f(k_2)g(D)dk_1dk_2dD \\
& + \int_{k_2Q}^{\infty}\int_0^1\int_0^{k_1}(D-k_2Q)f(k_2)f(k_1)g(D)dk_2dk_1dD] \\
& + h_1[\int_0^{k_2Q}\int_0^1\int_{D/Q}^1(k_1Q-D)f(k_1)f(k_2)g(D)dk_1dk_2dD \\
& + \int_0^1\int_{k_2}^1\int_0^{D/Q}(k_1Q-k_2Q)f(k_2)f(k_1)g(D)dk_2dk_1dD] \\
& + h_2[\int_0^{k_1Q}\int_0^1\int_{D/Q}^1(k_2Q-D)f(k_2)f(k_1)g(D)dk_2dk_1dD \\
& + \int_0^1\int_{k_1}^1\int_0^{D/Q}(k_2Q-k_1Q)f(k_1)f(k_2)g(D)dk_2dk_1dD]
\end{aligned}$$

求其一阶导数，可得：

$$\frac{\partial E(C_Z)}{\partial Q} = w[\int_{k_1Q}^{\infty}\int_0^1\int_0^{k_2}(-k_1)f(k_1)f(k_2)g(D)dk_1dk_2dD$$

$$+ \int_{k_2Q}^{\infty}\int_0^1\int_0^{k_1}(-k_2)f(k_2)f(k_1)g(D)dk_2dk_1dD)]$$

$$+ h_1[\int_0^{k_2Q}\int_0^1\int_{D/Q}^1 k_1 f(k_1)f(k_2)g(D)dk_1dk_2dD$$

$$+ \int_0^1\int_{D/Q}^1 k_2(k_1Q-k_2Q)f(k_1)f(k_2)g(k_2Q)dk_1dk_2$$

$$+ \int_0^1\int_{k_2}^1\int_0^{D/Q}(k_1-k_2)f(k_2)f(k_1)g(D)dk_2dk_1dD$$

$$+ \int_0^1\int_{k_2}^1(k_1Q-D)f(D/Q)f(k_1)g(D)(-D/Q^2)dk_1dD]$$

$$+ h_2[\int_0^{k_1Q}\int_0^1\int_{D/Q}^1 k_2 f(k_2)f(k_1)g(D)dk_2dk_1dD$$

$$+ \int_0^1\int_{D/Q}^1 k_1(k_2Q-k_1Q)f(k_2)f(k_1)g(k_1Q)dk_2dk_1$$

$$+ \int_0^1\int_{k_1}^1\int_0^{D/Q}(k_2-k_1)f(k_1)f(k_2)g(D)dk_1dk_2dD$$

$$+ \int_0^1\int_{k_1}^1(k_2Q-D)f(D/Q)f(k_2)g(D)(-D/Q^2)dk_2dD]$$

可知当 $w \to \infty$ 且 $Q \to 0$ 时，显然 $\frac{\partial E(C_Z)}{\partial Q} < 0$；而当 $h_1, h_2 \to \infty$ 且 Q 远大于 D 并趋于 ∞ 时，显然 $\frac{\partial E(C_Z)}{\partial Q} > 0$。因此，总存在适当的条件满足 w, h_1, h_2, Q, D 之间的关系，使得 $\frac{\partial E(C_Z)}{\partial Q} = 0$。

求其二阶导数，得到：

$$\frac{\partial^2 E(C_Z)}{\partial Q^2} = w[\int_0^1 \int_0^{k_2} k_1^2 f(k_1) f(k_2) g(k_1 Q) dk_1 dk_2$$
$$+ \int_0^1 \int_0^{k_1} k_2^2 f(k_2) f(k_1) g(k_2 Q) dk_2 dk_1]$$
$$+ h_1 \{\int_0^{k_2 Q} \int_0^1 D^2 / Q^3 f(D/Q) f(k_2) g(D) dk_2 dD$$
$$+ \int_0^1 \int_{D/Q}^1 k_1 k_2 f(k_1) f(k_2) g(k_2 Q) dk_1 dk_2$$
$$+ \int_0^1 \int_{D/Q}^1 [k_2(k_1 - k_2) f(k_1) f(k_2) g(k_2 Q)$$
$$+ k_2^2 (k_1 Q - k_2 Q) f(k_1) f(k_2) g'(k_2 Q)] dk_1 dk_2$$
$$+ \int_0^1 k_2 D / Q^2 (D - k_2 Q) f(D/Q) f(k_2) g(k_2 Q) dk_2$$
$$+ \int_0^1 \int_{k_2}^1 (k_1 Q - D) f(D/Q) f(k_1) g(D)(-D/Q^2) dk_1 dD]$$
$$+ \int_0^1 \int_{k_2}^1 [(k_1 D^2 / Q^2 - D^3 / Q^3) f'(D/Q) + (k_1 D/Q^2 - 2D^2/Q^3)$$
$$f(D/Q)] f(k_1) g(D) dk_1 dD\}$$
$$+ h_2 \{\int_0^{k_1 Q} \int_0^1 D^2 / Q^3 f(D/Q) f(k_1) g(D) dk_1 dD$$
$$+ \int_0^1 \int_{D/Q}^1 k_2 k_1 f(k_2) f(k_1) g(k_1 Q) dk_2 dk_1$$
$$+ \int_0^1 \int_{D/Q}^1 [k_1(k_2 - k_1) f(k_2) f(k_1) g(k_1 Q)$$
$$+ k_1^2 (k_2 Q - k_1 Q) f(k_2) f(k_1) g'(k_1 Q)] dk_2 dk_1$$
$$+ \int_0^1 k_1 D / Q^2 (D - k_1 Q) f(D/Q) f(k_1) g(k_1 Q) dk_1$$
$$+ \int_0^1 \int_{k_1}^1 (k_2 Q - D) f(D/Q) f(k_2) g(D)(-D/Q^2) dk_2 dD]$$
$$+ \int_0^1 \int_{k_1}^1 [(k_2 D^2 / Q^2 - D^3 / Q^3) f'(D/Q) + (k_2 D/Q^2 - 2D^2/Q^3)$$
$$f(D/Q)] f(k_2) g(D) dk_2 dD\}$$

可知当 $w \to \infty$ 或 $h_1, h_2 \to 0$，显然 $\frac{\partial^2 E(C_Z)}{\partial Q^2} > 0$。

所以 $E(C_Z)$ 是关于 Q 的凸函数，当满足一阶导数为0的条件时，$E(C_Z)$ 取最小值。证毕。

3.4 零部件供应商之间的三种横向协同供应模式

由于式（3.1）中的 C_Z 是在分散决策下制造商所承担的库存损失成本，因此制造商具有动机和积极性来促成零部件供应商进行协同供应，从而应对不确定的供求所带来的损失。在集中决策下可分为三种协同模式进行描述。

3.4.1 最小量协同模式

由于采用集中决策的方式，通过在供应链成员中实行及时地信息共享，制造商可以在零部件到货之前便可获得供应商的实际供应数量，然后通知供应数量较多的供应商只需供应 $\min(k_1Q_1,k_2Q_2)$，以消除因为两种零部件数量不匹配而产生的剩余零部件库存持有成本。但由于订单量放大而导致的多余齐套零部件的库存持有成本仍然存在。在实现这种按最小量协同供应零部件的模式后，制造商的库存损失成本为：

$$C_{Z1} = w[D - \min(k_1Q_1, k_2Q_2)]^+ + (h_1 + h_2)[\min(k_1Q_1, k_2Q_2) - D]^+ \quad (3.3)$$

决策目标仍然为：

$$\min(E(C_{Z1})) \quad (3.4)$$

其中决策变量是两种零部件的订单量 $\vec{Q} = (Q_1, Q_2)$。

命题3.2：在不确定环境下，当满足一定条件时，采用最小量协同模式的制造商的期望库存损失成本是关于订单量的凸函数；存在唯一的最优订单量 $\vec{Q}^*$ 使得期望库存损失成本最小化。

证明：与命题3.1同理，令 $Q = Q_1 = Q_2$，把式（3.3）的期望按积分形式展开。

求其一阶导数，可知当 $w \to \infty$ 且 $Q \to 0$ 时，显然 $\frac{\partial E(C_{Z1})}{\partial Q} < 0$；而当 $h_1, h_2 \to \infty$ 且 Q 远大于 D 并趋于 ∞ 时，显然 $\frac{\partial E(C_{Z1})}{\partial Q} > 0$。因此，总存在适当的条件满足 w, h_1, h_2, Q, D 之间的关系，使得 $\frac{\partial E(C_{Z1})}{\partial Q} = 0$。

求其二阶导数，可知当 $w \to \infty$ 或 $h_1, h_2 \to 0$，显然 $\frac{\partial^2 E(C_{Z1})}{\partial Q^2} > 0$。

所以 $E(C_{Z1})$ 是关于 Q 的凸函数，当满足一阶导数为0的条件时，$E(C_{Z1})$ 取最小值。

详细求导过程与命题3.1相似，不再累述。证毕。

按最小量协同模式的实质是在制造商的干预下让供应能力较强的供应商"迁就"（协同）瓶颈供应商，从而减少制造商的损失成本。在整个协同过程中，瓶颈供应商没有任何损失和收益；而供应能力较强的供应商相当于被制造商强制减少了订单量，但其损失可以忽略，因为多余的零部件（比较紧俏）可以供应给市场上的其他买家。

3.4.2 最大量协同模式

按最小量协同供应零部件的模式虽然可以降低制造商的溢出库存，但是并没有增加最终产品的实际装配量，客户订单的满足率也没有提高。同时还会挫伤供应能力较强的供应商的积极性，助长了瓶颈供应商的惰性。因此，在按最大量协同模式中，制造商要求瓶颈供应商通过产能外包（outsourcing）或赶工（expediting）的方式来增加零部件的供应量到 $\max(k_1Q_1, k_2Q_2)$，这样不仅可以减少库存损失，还可以降低缺货惩罚成本。在实现这种按最大量协同供应零部件的模式后，制造商的库存损失成本为：

$$C_{Z2} = w[D - \max(k_1Q_1, k_2Q_2)]^+ + (h_1 + h_2)[\max(k_1Q_1, k_2Q_2) - D]^+ \quad (3.5)$$

决策目标仍然为：

$$\min(E(C_{Z2})) \quad (3.6)$$

其中决策变量是两种零部件的订单量 $\vec{Q} = (Q_1, Q_2)$。

命题3.3：在不确定环境下，当满足一定条件时，采用最大量协同模式的制造商的期望库存损失成本是关于订单量的凸函数；存在唯一的最优订单量 $\vec{Q}^*$ 使得期望库存损失成本最小化。

证明：与命题3.2同理，令 $Q = Q_1 = Q_2$，把式（3.5）的期望按积分形式展开。

求其一阶导数，可知当 $w \to \infty$ 且 $Q \to 0$ 时，显然 $\frac{\partial E(C_{Z2})}{\partial Q} < 0$；而当 $h_1, h_2 \to \infty$ 且 Q 远大于 D 并趋于 ∞ 时，显然 $\frac{\partial E(C_{Z2})}{\partial Q} > 0$。因此，总存在适当的条件满足 w, h_1, h_2, Q, D 之间的关系，使得 $\frac{\partial E(C_{Z2})}{\partial Q} = 0$。

求其二阶导数，可知当 $w \to \infty$ 或 $h_1, h_2 \to 0$，显然 $\frac{\partial^2 E(C_{Z2})}{\partial Q^2} > 0$。

所以 $E(C_{Z2})$ 是关于 Q 的凸函数，当满足一阶导数为0的条件时，$E(C_{Z2})$ 取最小值。

详细求导过程与命题3.1相似，不再累述。证毕。

按最大量协同模式的实质是在制造商的干预下让瓶颈供应商付出额外的产能外包或赶工成本，从而增加最终产品的装配量、减少缺货惩罚成本并降低库存持有成本。在整个协同过程中制造商是受益者；供应能力较强的供应商没有任何损失和收益；而瓶颈供应商的损益取决于外包或赶工的成本，这将3.4.3中讨论。

3.4.3 最优量协同模式

按最大量协同供应零部件模式是否成功的关键因素在于瓶颈供应商的外包或赶工的成本高低。当瓶颈供应商按 $|k_1Q_1-k_2Q_2|$ 进行紧急外包或赶工时，如果成本过高（高于制造商的额外收益），就会削弱其协同供应的积极性。而制造商也不能"强人所难"，应该根据自己的最终产品的订单量和盈利以及惩罚程度来决定零部件协同供应的最优量，其值大于 $\min(k_1Q_1,k_2Q_2)$ 并且小于 $\max(k_1Q_1,k_2Q_2)$。因此，采取集中决策的方式，制造商通过信息共享及时获得两个供应商的实际供应量，再根据市场上公认的零部件外包或赶工成本、自己的利润和缺货成本来确定外包或赶工的最优量 W^*，其值满足：

$$u|k_1Q_1-k_2Q_2|-W^*H_i(W^*)\geq 0 \quad (3.7)$$

其中 $0\leq W^*\leq|k_1Q_1-k_2Q_2|$；$u$ 是最终产品的单位利润；$H_i(\cdot),(i=0,1)$ 分别是两个供应商的紧急外包或赶工的单位成本函数，设定当 $W^*\geq 0$ 时，其一阶导数和二阶导数均大于零，并且在一般情况下 $H_i'(0)=p_i$。因为在整个零部件行业都缺货的情况下，外包或赶工的单位成本是递增的并且应该是大于供应商自产零部件的定价 p_i 的，否则供应商会自己主动进行外包或赶工以加入 k_iQ_i 中。在集中决策下实现了按最优量进行零部件协同供应后，只考虑供应链的全局库存损失成本：

$$\begin{aligned}TC &= C_{Z3}+C_{S3}\\ &= w[D-\min(k_1Q_1,k_2Q_2)-W^*]^+ +(h_1+h_2)[\min(k_1Q_1,k_2Q_2)+W^*-D]^+ \\ &\quad +W^*H_i(W^*)-p_iW^*\end{aligned} \quad (3.8)$$

其中前一部分为制造商的库存损失成本，后一部分是瓶颈供应商外包或赶工的损失成本。当 $k_1Q_1<k_2Q_2$ 时，$i=1$；当 $k_1Q_1>k_2Q_2$ 时，$i=2$。此时的决策目标函数是：

$$\min(TC) \tag{3.9}$$

决策变量仍然是两种零部件的订单量 $\check{Q} = (Q_1, Q_2)$。其中 W^* 根据 $\check{Q}$、u、k_1、k_2 以及 $H_i(\cdot)$ 的大小可以唯一确定。

命题3.4：在不确定环境下，当满足一定条件时，采用最优量协同模式的整个供应链全局期望库存损失成本是关于订单量的凸函数；存在唯一的最优订单量 $\check{Q}^*$ 使得全局期望库存损失成本最小化。

证明：与命题3.3同理，令 $Q = Q_1 = Q_2$，把式（3.8）的期望按积分形式展开。

求其一阶导数，可知当 $w \to \infty$、$Q \to 0$ 且 $W^* \to 0$ 时，显然 $\frac{\partial E(TC)}{\partial Q} < 0$；而当 $h_1, h_2 \to \infty$、$W^* \to$ 最大化且 Q 远大于 D 并趋于 ∞ 时，显然 $\frac{\partial E(TC)}{\partial Q} > 0$。因此，总存在适当的条件满足 w, h_1, h_2, Q, D, W^* 之间的关系，使得 $\frac{\partial E(TC)}{\partial Q} = 0$。

求其二阶导数，可知当 $w \to \infty$ 或 $h_1, h_2 \to 0$，显然 $\frac{\partial^2 E(TC)}{\partial Q^2} > 0$。

所以 $E(TC)$ 是关于 Q 的凸函数，当满足一阶导数为零的条件时，$E(TC)$ 取最小值。详细求导过程与命题3.1基本相似，不再累述。证毕。

3.4.4 三种协同模式的价值比较分析

表3.2 协同价值比较

价值	最小量协同模式	最大量协同模式	最优量协同模式
客户订单满足率	不变	最大化	增加
制造商损失	降低	最小化	（尽可能）降低
瓶颈供应商损失	没有	最大化	（有限地）增加
非瓶颈供应商损失	可忽略	没有	可忽略
全局供应链损失	降低	视情况而定	（尽可能）降低

从表3.2可以看出，最小量协同模式能够解决两种零部件的实际供应数量不匹配的问题，减少的是未匹配的剩余零部件的持有成本。最大量协同模式在解决了前述问题的同时还最大程度地增加了最终产品的实际装配量、提高了客户订单的满足率，但需要瓶颈供应商付出额外的成本；而最优量协同模式是对上述两种协同模式的权衡（trade-off），既能够消除零部件的不匹配性，又增加客户订单的满足率，同时还降低了瓶颈供应商的负担，让其更加积极参与到全局供应链的协同中来。当然，要想成功实施最优量协同模式并实现全局供应链的帕累托改善，可以把制造商的部分收益与供应商分享，以弥补瓶颈供应商的额外损失，这已超出本论文的研究范围，可参考相关文献。

3.5 多周期下的协同供应模式

前述的模型所考虑的是单周期下的情况，ATO型的制造商并不持有零部件库存和产品库存，而且在不确定的环境中制造商是没有动机去订过多数量的零部件或装配多余订单量的最终产品的。但在多周期的情况下，当期的剩余零部件（有的齐套、有的未齐套）可以存储到在下一个周期继续使用，并且当期缺货的最终产品数量制造商要在下一个周期优先满足。因此制造商需要维持零部件库存，但不设产品库存。假设制造商使用的是Order-Up-To的库存策略，Lee、Padmanabhan和Whang（1997），Lee、So和Tang（2000）认为在不考虑固定订货成本时，这样的库存策略假设是最优的。同单周期假设一样不考虑最终产品的制造（装配）时间和零部件订单的提前期。其他符号描述如下：

i：周期数；

I_{1i}：第i周期期初的零部件1的库存量，非负数，设$I_{10}=0$；

I_{2i}：第i周期期初的零部件2的库存量，非负数，设$I_{20}=0$；

D_i：第i周期的产品需求订单量；

Q_{1i}：第i周期制造商向零部件1的订单量；

Q_{2i}：第i周期制造商向零部件2的订单量；

S：制造商的库存订至点；

其余的模型假设和符号描述与3.2节相同。

3.5.1 分散决策模型

在分散决策下,每个周期最终产品的实际需求量 D_i' 应该是当期的产品订单量与上期产品缺货量之和。即:

$$D_{i+1}' = D_{i+1} + [D_i' - \min(I_{1i} + k_1Q_{1i}, I_{2i} + k_2Q_{2i})]^+ \quad (3.10)$$

其中:

$$I_{1i} = I_{1i-1} + k_1Q_{1i-1} - \min(D_{i-1}', I_{1i-1} + k_1Q_{1i-1}, I_{2i-1} + k_2Q_{2i-1}) \quad (3.11)$$

$$I_{2i} = I_{2i-1} + k_2Q_{2i-1} - \min(D_{i-1}', I_{1i-1} + k_1Q_{1i-1}, I_{2i-1} + k_2Q_{2i-1}) \quad (3.12)$$

在每个周期期初,制造商接受客户的产品订单后,根据库存策略的订至点、零部件的期初库存量以及上期产品缺货量来向上游零部件供应商下订单,各自的订单量为:

$$Q_{1i} = S - I_{1i} + [D_{i-1}' - \min(I_{1i-1} + k_1Q_{1i-1}, I_{2i-1} + k_2Q_{2i-1})]^+ \quad (3.13)$$

$$Q_{2i} = S - I_{2i} + [D_{i-1}' - \min(I_{1i-1} + k_1Q_{1i-1}, I_{2i-1} + k_2Q_{2i-1})]^+ \quad (3.14)$$

如果订单量出现小于零的情况,表示当期现有的库存能够满足产品需求,就不需要订货。Henig和Gerchak(1990),Gerchak、Wang和Yano(1994),Zimmer(2002)在他们的模型中都有相似的假定。而零部件的实际供应量分别为:k_1Q_{1i}, k_2Q_{2i}。此时,可以得到第 i 周期中由于零部件供应不确定和产品需求不确定造成的制造商的库存损失成本为:

$$C_{Z1i} = w[D_i' - \min(I_{1i} + k_1Q_{1i}, I_{2i} + k_2Q_{2i})]^+ + h_1I_{1i+1} + h_2I_{2i+1} \quad (3.15)$$

最后可得在多周期下制造商的平均单期库存损失成本:

$$TC_{Z1} = \frac{1}{n}\sum_{i=1}^{n} C_{Z1i} \quad (3.16)$$

决策目标函数为:

$$\min(E(TC_{Z1})) \quad (3.17)$$

其中的决策变量是订至点 S。

命题3.5：在多周期的不确定环境下，当满足一定条件时，制造商的期望单期库存损失成本是关于订至点的凸函数；存在唯一的最优订至点S^*使得期望单期库存损失成本最小化。

证明：

因为订至点$S>0$且是有限整数。对于S的每一个取值，$E(TC_{Z1})$都有唯一的值与之对应。根据（R K.Sundaram，2008）定理，总存在最优订至点S^*，使得$E(TC_{Z1})$取得最小值。对于其凸性，由于系统的动态性和复杂性，k_1Q_{1i}，k_2Q_{2i}与D_i的数值大小关系会出现多种不同的情况，所对应的期望收益描述起来较繁冗，公式计算和推导十分复杂冗长，因此将在3.6.3小节通过Monte Carlo模拟仿真方法来验证该命题。证毕。

3.5.2 集中决策模型

当采取集中决策的方式时，制造商有动机来促使上游的两个供应商形成零部件协同供应，但由于是在多周期的情况下，制造商无法长期"强迫"瓶颈供应商按最大量模式进行协同，否则供应链关系会产生恶化甚至解散。所以在多周期的集中决策模型中，只考虑最小量协同模式和最优量协同模式。

（1）最小量协同模式

当采用按最小量协同模式时，通过两个供应商与制造商实时地信息共享，制造商根据当期的库存量和实际的零部件供应数量来决定零部件协同供应的数量。由于假设中零部件的初始库存$I_{10}=I_{20}=0$，在此协同供应模式下，始终都会有$I_{1i}=I_{2i}$，即每个周期期初的两个零部件的库存量是相等的，可简化为I_i表示。在制造商的要求下，每个周期中的非瓶颈供应商只需按$\min(k_1Q_{1i},k_2Q_{2i})$的数量与瓶颈供应商进行协同，以消除当期中剩余未齐套零部件的库存持有成本。由此可得到制造商的单期库存损失成本：

$$TC_{Z2}=\frac{1}{n}\sum_{i=1}^{n}C_{Z2i} \qquad (3.18)$$

第i周期中的制造商库存损失成本为：

$$C_{Z2i} = w[D'_i - I_i - \min(k_1Q_{1i}, k_2Q_{2i})]^+ + (h_1+h_2)I_{i+1} \quad (3.19)$$

其中的订单量可以合并简化表示为：

$$Q_i = Q_{1i} = Q_{2i} = S - I_i + [D'_{i-1} - I_{i-1} - \min(k_1Q_{i-1}, k_2Q_{i-1})]^+ \quad (3.20)$$

期初的库存量也可以合并简化表示为：

$$I_i = I_{1i} = I_{2i} = [I_{i-1} + \min(k_1Q_{i-1}, k_2Q_{i-1}) - D'_{i-1}]^+ \quad (3.21)$$

最后得到多周期情况下最小量协同模式的决策目标函数为：

$$\min(E(TC_{Z2})) \quad (3.22)$$

其中的决策变量仍然是订至点 S。

命题3.6：在多周期的不确定环境下，当满足一定条件时，采用最小量协同模式的制造商的期望单期库存损失成本是关于订至点的凸函数；存在唯一的最优订至点 S^* 使得期望单期库存损失成本最小化。

证明：

与命题3.5同理，因为订至点 $S > 0$ 且是有限整数。对于 S 的每一个取值，$E(TC_{Z2})$ 都有唯一的值与之对应。根据（R.K.Sundaram，2008）定理，总存在最优订至点 S^*，使得 $E(TC_{Z2})$ 取得最小值。对于其凸性，由于系统的动态性和复杂性，k_1Q_i, k_2Q_i 与 D_i 的数值大小关系会出现多种不同的情况，所对应的期望收益描述起来较繁冗，公式计算和推导十分复杂冗长，因此将在3.6.3小节通过Monte Carlo模拟仿真方法来验证该命题。证毕。

（2）最优量协同模式

由于在多周期的情况下，制造商无法长期实施最大量协同模式，因此制造商为了提高客户订单的满足率、降低库存浪费，要求瓶颈供应商按最优量协同模式来供应零部件。其中的参数设定与单周期情况相同。这里也只考虑在第 i 周期中的全局供应链库存损失成本为：

$$\begin{aligned}TC_i &= C_{Z3i} + C_{S3i} \\ &= w[D'_i - I_i - \min(k_1Q_{1i}, k_2Q_{2i}) - W_i^*]^+ + (h_1+h_2)I_{i+1} \\ &\quad + W_i^* H_j(W_i^*) - p_j W_i^* \end{aligned} \quad (3.23)$$

其中前一部分为制造商在第i周期中的库存损失成本；后一部分是瓶颈供应商在第i周期中外包或赶工的损失成本，W_i^*是瓶颈供应商在第i周期中最优外包或赶工数量。当$I_1 + k_1Q_1 < I_2 + k_2Q_2$时，$j=1$；当$I_1 + k_1Q_1 > I_2 + k_2Q_2$时，$j=2$。

这里：

$$I_{i+1} = [I_i + \min(k_1Q_i, k_2Q_i) + W_i^* - D_i']^+ \qquad (3.24)$$

由此可得到全局供应链的单期库存损失成本：

$$TC_{Z3} = \frac{1}{n}\sum_{i=1}^{n} TC_i \qquad (3.25)$$

最后得到多周期情况下最优量协同模式的决策目标函数为：

$$\min(E(TC_{Z3})) \qquad (3.26)$$

其中的决策变量仍然是订至点S。

命题3.7：在多周期的不确定环境下，当满足一定条件时，采用最优量协同模式的全局供应链的期望单期库存损失成本是关于订至点的凸函数；存在唯一的最优订至点S^*使得期望单期库存损失成本最小化。

证明：

与命题3.6同理，因为订至点$S>0$且是有限整数。对于S的每一个取值，$E(TC_{Z3})$都有唯一的值与之对应。根据（R K.Sundaram, 2008）定理，总存在最优订至点S^*，使得$E(TC_{Z3})$取得最小值。对于其凸性，由于系统的动态性和复杂性，k_1Q_i, k_2Q_i与D_i的数值大小关系会出现多种不同的情况，所对应的期望收益描述起来较繁冗，公式计算和推导十分复杂冗长，因此将在3.6.3小节通过Monte Carlo模拟仿真方法来验证该命题。证毕。

3.5.3 协同价值比较分析

表3.3 多周期协同价值比较

价值	分散决策	最小量协同模式	最优量协同模式
客户订单满足率	较低	不变	增加

制造商损失	较大	降低	（尽可能）降低
瓶颈供应商损失	没有	没有	（有限地）增加
非瓶颈供应商损失	没有	可忽略	可忽略
全局供应链损失	较大	降低	（尽可能）降低

从表3.3可以看出，与单周期一样，在多周期情况下最小量协同模式也能够解决两种零部件的实际供应数量不匹配的问题，减少的是未匹配的剩余零部件的持有成本。而最优量协同模式还可以适当地增加最终产品的实际装配量、提高了客户订单的满足率，但需要瓶颈供应商付出额外的成本。由于在多周期下，当期的最终产品缺货需要在下一个周期补齐，因此制造商所受到的不确定性需求的影响比单周期更大，采用零部件协同供应的主动性和迫切性更加强烈。

3.6 模拟仿真与数例分析

由于该ATO型供应链系统的不确定性、动态性和复杂性，将采用Monte Carlo仿真方法来模拟两个零部件供应商对制造商的供应全过程，通过比较多种协同供应模式与分散决策的损失成本变化，从而验证不同参数条件下零部件协同供应模式的价值。根据3.2节中的假设，这里设定 $D \sim N(200, 25^2)$、$k_1, k_2 \sim U(0.55, 0.98)$、$h_1 = 25$、$h_2 = 45$。又因为装配最终产品所需要的两种零部件比例是1:1，所以始终 $Q_1 = Q_2$。在不确定的零部件供应和客户需求环境下，使用Excel软件编写VBA程序来随机生成10000组服从各自设定分布的 (D, k_1, k_2) 的三元组，对应不同的协同模式让 $\check{Q}$ 和 w 在一定的区间中、以各自不同的步长变化，以10000组计算结果的均值来观察其期望损失成本的变化。

3.6.1 单周期分散决策

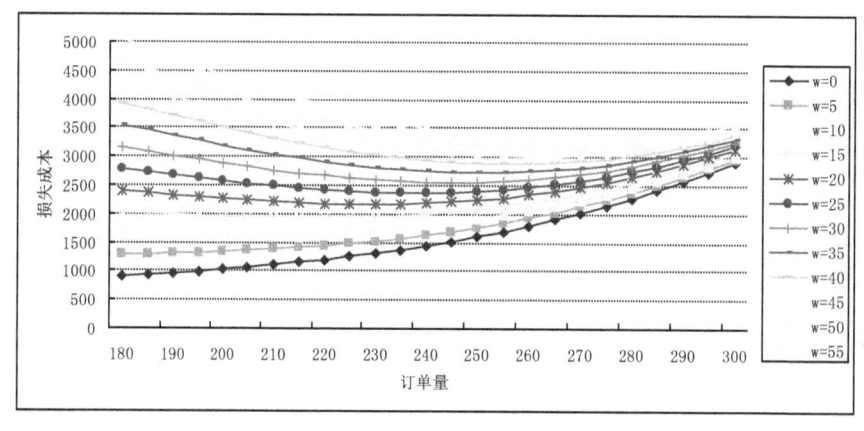

图3.1 单周期分散决策模拟仿真图（用时1分11秒）

在图3.1中，横坐标表示订单量$Q = Q_1 = Q_2$，让其在180到300之间，以5为步长逐渐增长；纵坐标表示库存损失成本。多条不同的曲线对应不同的缺货惩罚成本，其值如图右边所示，w在0到55之间，以5为步长逐渐增长。可以得到当缺货成本较小（趋于零）时，如$w = 0$、$w = 5$时，最下面的两条曲线是单调递增的。而当缺货成本较大（$w \geq 10$）时，对应的曲线显示目标函数是凸函数，并存在唯一的订单量使目标函数取最小值，如表3.4所示。从而验证了命题3.1。

表3.4 单周期分散决策的最优值

w	Q^*	$\min(E(C_Z))$
10	195	1644
15	215	1932
20	230	2168
25	235	2373
30	245	2555
35	250	2720
40	255	2872
45	260	3011
50	265	3140
55	270	3261

从表3.4的数据可以看出，随着单位缺货成本的增加，最优订单量和最小期望损失成本也会随之增加。因为制造商只能通过提高订单量来减低缺货率，但由于供应和需求的不确定性，反而会增加持有成本，导致更高的损失成本。

3.6.2 单周期的三种协同模式

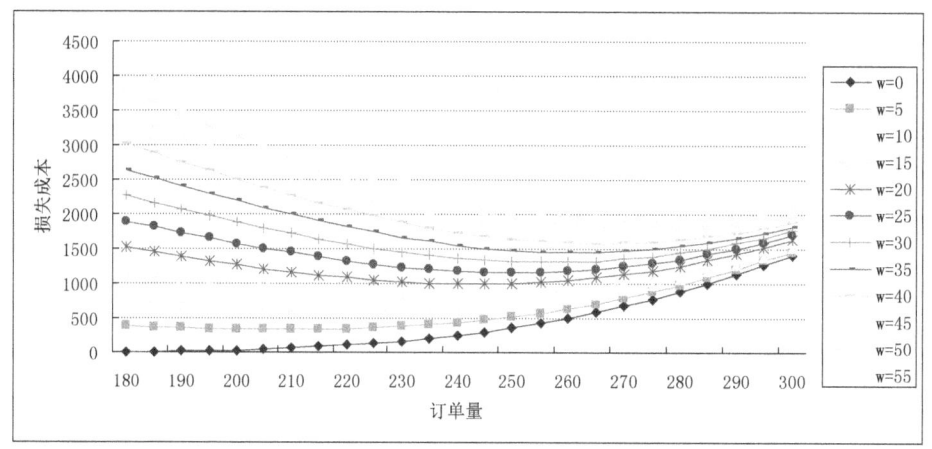

图3.2 最小量协同模式模拟仿真图（用时1分3秒）

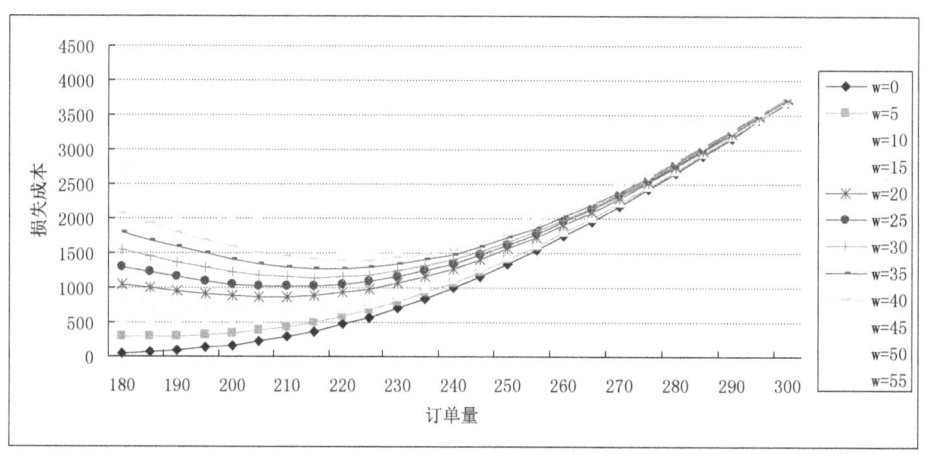

图3.3 最大量协同模式模拟仿真图（用时1分1秒）

图3.2和图3.3的坐标和曲线的表示与图3.1相同。其中图3.2显示当采用最小量协同模式时，当缺货成本较小（趋于零）时，如 $w=0$ 时，最下面的一条曲线是单调递增的。而当缺货成本较大（$w \geq 5$）时，对应的曲线显示目标函数是凸函数，并存在唯一的订单量使目标函数取最小值，如表3.5所示。从而验证了命题3.2。而在图3.3中，当采用最大量协同模式时，当缺货成本较小（趋于零）时，如 $w=0$、$w=5$ 时，最下面的两条曲线是单调递增的。而当缺货成本较大（$w \geq 10$）时，对应的曲线显示目标函数是凸函数，并存在唯一的订单量使目标函数取最小值，如表3.5所示。从而验证了命题3.3。

表3.5 最小量和最大量协同模式的最优值

w	最小量协同模式		最大量协同模式	
	Q^*	$\min(E(C_{Z1}))$	Q^*	$\min(E(C_{Z2}))$
5	205	338	-	-
10	225	591	195	515
15	235	804	200	701
20	245	991	205	865
25	250	1158	210	1012
30	255	1310	215	1147
35	260	1448	220	1275
40	265	1575	220	1390
45	270	1693	225	1497
50	275	1802	225	1599
55	275	1905	230	1685

从表3.5的数据同样可以看出，不论是最小量还是最大量协同模式，随着单位缺货成本的增加，最优订单量和最小期望损失成本都会随之增加。因为当制造商试图通过提高订单量来减低缺货成本时，由于供应和需求的不确定性，反而会增加（由于零部件不匹配而产生的）持有成本，导致更高的损失成本。

对于最优量协同模式，设 $H_i(W) = vW^2 + p_i, (i=0,1)$、零部件价格 $p_1 = 15$、$p_2 = 35$。令 v 从0.005到2.56区间以2为倍数增长，式（3.7）中的 u 从2到20区间中以2为步长增加，以观察对协同效果的影响。图3.4为当惩罚成本 $w = 35$、产品利润 $u = 20$ 时的全局库存损失成本随 Q 和 v 的变化情况。

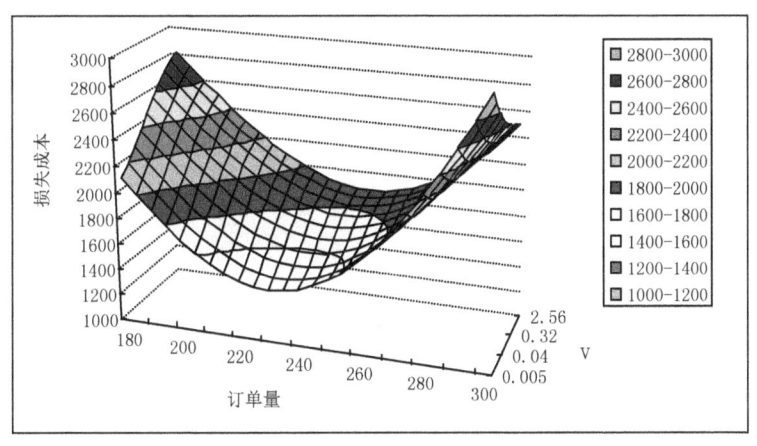

图3.4 最优量协同模式模拟仿真图 $w = 35$、$u = 20$（用时1分18秒）

图3.4中，x 轴表示订单量、y 轴表示参数 v 的变化、z 轴表示全局库存损失成本。从图中可以看出，对于给定的 w、u 和 v，目标函数是关于订单量的凸函数，并存在唯一的最优订单量使得目标函数取最小值，从而验证了命题3.4。并且随着 v 的增加（外包或赶工成本增加），最优订单量和期望全局库存损失成本都有随之增加的趋势。表3.6截取了其他几个参数变化对目标函数变化的影响。

表3.6 最优量协同模式的最优值（用时3分19秒）

w	u	v	Q^*	$\min(E(TC))$
10	2	0.005	225	571
		0.16	225	579
		2.56	225	591
	10	0.005	215	563
		0.16	220	669
		2.56	220	733
	20	0.005	205	625
		0.16	215	853
		2.56	220	954
35	2	0.005	260	1402
		0.16	260	1418
		2.56	260	1442
	10	0.005	245	1343
		0.16	250	1502
		2.56	255	1604
	20	0.005	230	1403
		0.16	245	1713
		2.56	255	1862
50	2	0.005	270	1744
		0.16	270	1764
		2.56	270	1795
	10	0.005	255	1669
		0.16	265	1848
		2.56	270	1962
	20	0.005	240	1729
		0.16	260	2065
		2.56	265	2233

从表3.6可以看出，参数w的单独增长会导致最优订单量和目标函数值的增长，意味着客户的惩罚会恶化全局供应链的库存损失。而当参数v较小时，如$v=0.005$，目标函数值表现出了一定的关于参数u的凸性；当参数v较大时，如$v=0.016$和$v=2.56$时，参数u的单独增长会同时增加最优订单量和目标函数值。说明最终产品的利润越大，瓶颈供应商的外包或赶工数量就会越多，虽然可以降低缺货惩罚成本，但同时也增加了更多剩余零部件的持有成本损失。当参数v单独增长时，都会增加最优订单量和目标函数值，这是因为零部件的外包或赶工成本越高，供应商的协同积极性就越低，供求不确定性所导致的全局供应链的损失成本就会越高。

3.6.3 多周期的协同模式

在多周期的情况下，设定$n=100$，同样循环10000次以其均值来观察损失成本的变化。

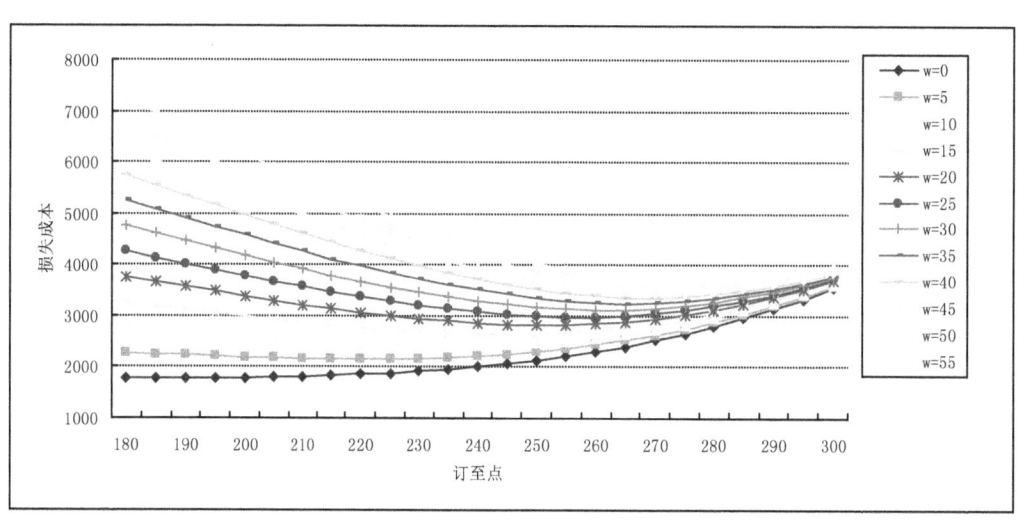

图3.5 多周期分散决策模拟仿真图（用时1小时28分）

图3.5中横坐标是订至点S、纵坐标是期望单期库存损失成本、多条曲线对应不同的缺货成本。可以看出，当缺货成本较小（趋于零）时，如$w=0$时，最下面的一条曲线是单调递增的。而当缺货成本较大（$w\geq 5$）时，对应的曲线显示目标函数是凸函数，并存在唯一的订至点S^*使目标函数取最小值，如表3.7所示。从而验证了命题3.5。

表3.7 多周期分散决策的最优值

w	S^*	$\min(E(TC_{Z1}))$

5	225	2156
10	235	2428
15	245	2644
20	250	2819
25	255	2978
30	260	3117
35	265	3237
40	270	3352
45	270	3456
50	275	3549
55	275	3638

从表3.7的数据可以看出，当惩罚成本增大时，制造商为了减少惩罚只有提高库存的订至点，但供求的不确定性所带来的就是更高的期望库存损失成本。

而在多周期下采用最小量协同模式时，图3.6显示

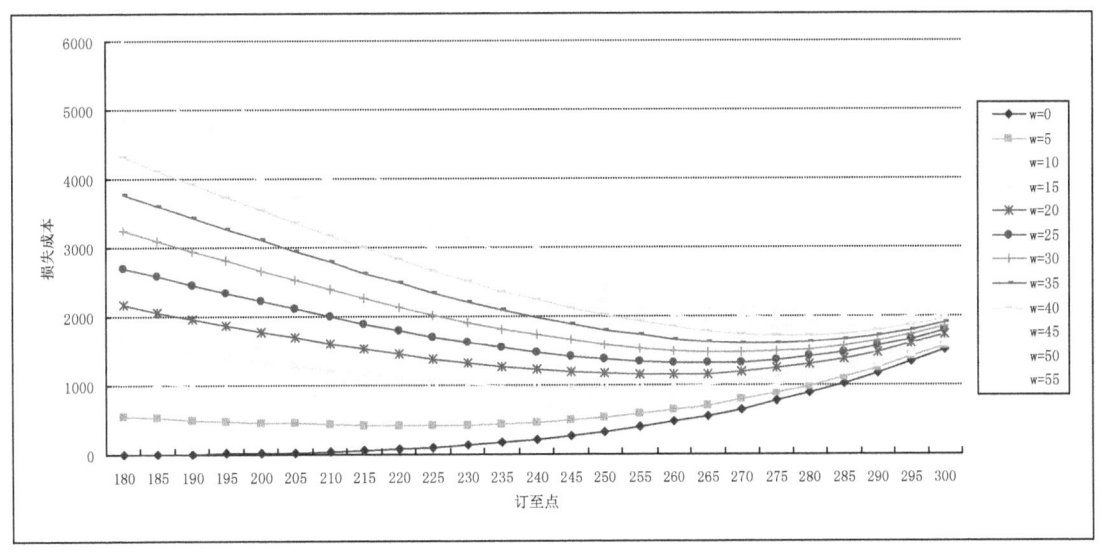

图3.6 多周期最小量协同模式模拟仿真图（用时1小时29分）

图3.6的坐标和曲线的表示与图3.5相同。其中图3.6显示当缺货成本较小（趋于零）时，如 $w=0$ 时，最下面的一条曲线是单调递增的。而当缺货成本较大（$w \geq 5$）时，对应的曲线显示目标函数是凸函数，并存在唯一的订至点 S^* 使目标函数取最小值，如表3.8所示。从而验证了命题3.6。

表3.8 多周期下最小量协同模式的最优值

w	S^*	$\min(E(TC_{Z1}))$

5	220	417
10	235	713
15	250	955
20	260	1152
25	265	1313
30	270	1466
35	270	1602
40	280	1723
45	280	1827
50	285	1924
55	285	2015

从表3.8的数据可以看出，多周期下采用最小量协同模式后，惩罚成本越高，制造商的最优订至点就会越高，其对应的最小期望库存损失成本也会升高。

对于最优量协同模式，同样用图3.7来显示当惩罚成本$w = 35$、产品利润$u = 20$时的全局库存单期平均损失成本随S和v的变化情况。

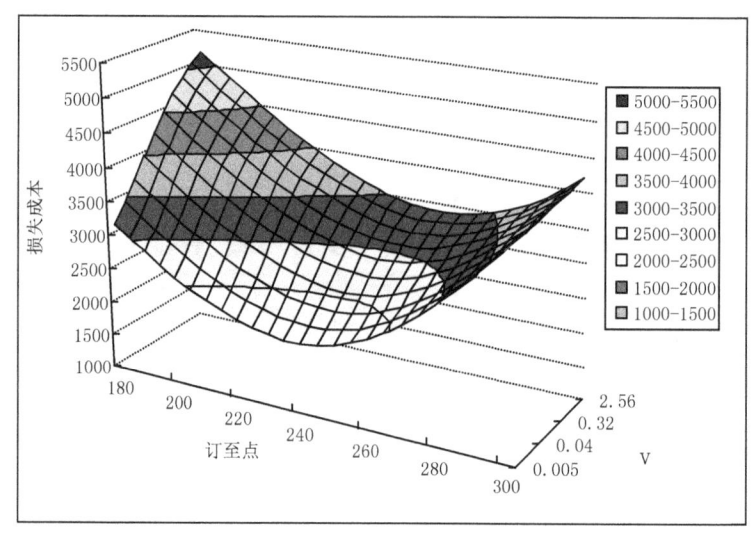

图3.7 多周期最优量协同模式模拟仿真图（用时1小时43分）

图3.7中的x轴表示订至点S、y轴表示参数v的变化、z轴表示全局库存单期平均损失成本。从图中可以看出，对于给定的w、u和v，目标函数是关于订至点的凸函数，并存在唯一的最优订至点使得目标函数取最小值，从而验证了命题3.7。并且随着v的增加（外包或赶工成本增加），最优订至点和全局供应链的期望单期库存损失成本都有随之增加的趋势。表3.9截取了其他几个参数变化对目标函数变化的影响。

表3.9 多周期最优量协同模式的最优值（用时4小时22分）

w	u	v	S^*	$\min(E(TC))$
10	2	0.005	230	2173
		0.16	230	2217
		2.56	230	2291
	10	0.005	220	1609
		0.16	230	2068
		2.56	230	2360
	20	0.005	210	1256
		0.16	225	2139
		2.56	225	2577
35	2	0.005	260	2960
		0.16	265	3013
		2.56	265	3099
	10	0.005	250	2368
		0.16	255	2847
		2.56	260	3158
	20	0.005	235	2027
		0.16	250	2914
		2.56	260	3376
50	2	0.005	270	3263
		0.16	270	3321
		2.56	275	3409
	10	0.005	255	2657
		0.16	265	3150
		2.56	270	3470
	20	0.005	245	2319
		0.16	260	3215
		2.56	270	3686

从表3.9同样可以看出，在多周期情况下，参数 w 的单独增长会导致最优订至点和目标函数值的增长，意味着客户加大惩罚会导致全局供应链的更大的库存损失。而当参数 v 较小时，如 $v=0.005$，参数 u 的单独增长即最终产品利润变大，会触发制造商的积极性来采用最优量的协同模式以同时降低最优订至点和目标函数值；当参数 v 适当增加后，如 $v=0.016$，目标函数值表现出了一定的关于参数 u 的凸性；当参数 v 较大时，如

$v=2.56$时，参数u的单独增长会降低最优订至点、同时增加目标函数值。说明最终产品的利润越大，瓶颈供应商的外包或赶工数量就会越多（积极性提高了），可以用较低的最优订至点获得较低的库存损失。但当参数v增长时，说明零部件的外包或赶工成本变高，供应商参与协同积极性就会变低，不仅提高了最优订至点，供求不确定性所导致的全局供应链的损失成本也会增加。

3.6.4 协同价值分析

比较表3.4、表3.5和表3.6的数据可以看出，在单周期的情况下，相比于分散决策，最小量和最大量协同模式均能够降低制造商的库存损失成本，零部件协同供应是有价值的。而且最大量协同模式比最小量协同模式以更低的最优订单量获得更高的协同价值，但需要瓶颈供应商付出额外成本。最优量协同模式的价值高低与最终产品的利润、外包或赶工的成本相关，介于最小量与最大量协同模式的价值之间，始终优于分散决策，并且更容易调动全局供应链成员参与和实施的积极性。

在多周期情况下，比较表3.7、表3.8和表3.9的数据，最小量和最优量协同模式比分散决策获得明显更低的库存损失成本，实施零部件协同供应是有价值的。而最优量协同模式的价值高低不仅与最终产品的利润、外包或赶工的成本相关，而且在多周期下（相对于单周期的最大量协同模式）更容易被供应链成员所接受和实现。

3.7 本章小结

在供应链上游零部件供应和下游客户需求双重不确定的环境下，本章分析了核心制造商在不确定性下的损失，继而分别在单周期和多周期的条件下提出了最小量、最大量和最优量等多种协同供应模式，并比较了分散决策与集中决策、不同协同模式之间的损失成本及价值差异。通过数学推导证明并使用Monte Carlo模拟仿真实验，得出了如下结论：

（1）单周期条件下，在一定的条件范围内，三种协同模式都存在决策变量（核心制造商的订单量）的最优解。

（2）在单周期的最小量和最大量协同模式中，协同均能够有效减少剩余零部件的库存成本浪费，降低核心制造商的库存损失成本。但最大量协同模式没有考虑瓶颈供应商的额外赶工或外包成本损失，从协同中受益的仅仅是核心制造商。

（3）单周期下的最优量协同模式，是从全局供应链的角度来考虑库存损失成本，其协同价值的高低严重地依赖相关参数（u,v）的取值。能够降低最大量协同模式中瓶颈供应商的额外损失，更加有利于鼓励供应商参与实施零部件协同供应。

（4）多周期条件下，在一定的条件范围内，两种协同模式都存在决策变量（核心制造商的订至点）的最优解；并且最小量协同模式明显优于分散决策。

（5）多周期下的最优量协同模式，在一定参数条件下是更优于分散决策的，其协同价值的高低依赖于相关参数（u,v）的大小。并且该模式是与现实情况最接近、最容易被供应商所接受和认可的。

4 供应商随机产出下的零部件协同直送工位研究

4.1 引言

在第3章的前提假设中，制造商是自己管理零部件库存的，供应和需求的不确定性所带来的损失都由制造商承担，因此在供应链中处于核心地位的制造商才有动力和积极性来主导上游的多个供应商之间的横向协同供应零部件。然而在当前的供应链管理实践中，核心制造（装配）商为了转移（或转嫁）不确定性的风险并降低库存管理成本，往往让第三方的物流厂商（国外学者称之为3PL-Hub或Supply-Hub，国内一般称之为"集配中心"）来承担零部件的集配任务。在整条供应链上，集配中心处于多个零部件供应商与制造商之间，起着"承上启下"的作用。对上游的多个供应商的零部件是"集"的功能，根据制造商接收的最终需求进行多种零部件订货、采购、仓储；对下游的制造商是"配"的功能，根据其生产计划和准时性的要求，把齐套零部件以规定的时间、数量、质量、频率，直接配送到制造商所指定的工位（生产线）上。在复杂而又不确定的供应链环境中，直送工位已经成为国内外ATO型企业所经常使用的重要生产供应模式之一。例如美国的伯灵顿(BAX GLOBAL)就是一个专门为Apple、Dell和IBM在东南亚的生产装配公司提供零部件物流"集配"服务的第三方物流企业；UPS为Fender国际公司（吉他制造业巨擘）提供来自世界各地厂家的海陆进货，并为其配送过程的流线化和集中化的Supply-Hub服务。国内的海尔物流中心（即集配中心）负责整个海尔集团的采购、供应、产品分拨和分销配送环节的，目前可以实现物流中心城市6至8小时配送到位，区域配送24小时到位，全国主干线分销配送时间平均为3.5天。江铃汽车集团下的江铃发动机厂由集配中心提供发动机装配所需零部件的准时配送服务，负责将零部件齐全配套地运往总装线，保证了总装线对各类零部件的配套需求。另外，安徽烟草公司物流中心、武汉神龙汽车公司、东风本田与东本储运公司也均采用了基于第三方物流的集配中心运作模式。其地址位于核心制造商附近，大多数供应商在集配中心附近都设有自己的仓库。供应商首先根据需求计划安排送货至集配中心仓库或者由集配中心进行主动循环取货；再根据下游制造商的生产周计划甚至日计划以JIT的方式直送到制造商的零部件缓冲区域；最后根据生产线旁工位的实际消耗从缓冲区域实时直送到具体工位。

然而，由于零部件生产和制造环境的复杂性的增加、客户对产品质量关注度的增加、意外的机器维护、不确定的生产以及返工等等，都是供应商随机产出的主要原因（Ciarallo、Akella和Morton，1994）。例如LED显示器等高科技产品零部件，其生产和装配过程具有高度的可变性，生产计划和控制较复杂，导致每个生产阶段的产出可能是随机的（Lee和Yano，1988）。Gurnani、Kella和Lehoczky（2000）认为供应商不确定的生产工艺导致生产损耗和产出损失，导致配送过程不确定，只能按订单量中随机的一部分比例进行配送。而且众多供应商常常受到原材料供应不足、机器故障或维护、次品返工、工人罢工、地震海啸等原因，无法按订单的数量或时间交货，导致下游制造商的由于零部件无法齐套上线而停工待料，从而延误了客户的订单或发生缺货损失。从对武汉神龙汽车、江苏仪征上汽装配厂的生产线实地调研以及与供应部门管理者的访谈得知，在两百多家供应商中，当出现少数几家的零部件供应不及时或数量短缺时，例如扬州仪征的早晨雾多、日资供应商遇到反日游行或罢工等，生产线发生"停线事故"，每分钟的损失以万元计算。可见供应商的随机产出及其不确定的供应对于供应链绩效的影响是不可忽视的，而基于第三方物流（集配中心），如何让多个供应商对下游制造商进行零部件协同直送工位，是本章的主要研究问题。

因此，在第3章所提出的多个供应商之间横向协同供应模式的基础上了，本章在多个供应商与制造商之间引入了第三方物流----集配中心（或Supply-Hub），让其"集"上游多个供应商的零部件，齐套地向下游制造商进行"配"，从而实现零部件的协同直送工位。

4.2 问题假设与符号描述

考虑由两个零部件供应商、集配中心和一个核心制造商所组成的ATO型供应链，如图4.1所示，最终产品由两个零部件装配而成。集配中心根据BOM（Bill Of Materials）先提前向上游的两个供应商订购零部件，当制造商接收下游客户的需求订单后，集配中心可实时获得该订单信息，并按生产计划立即把到货的零部件直送制造商工位。假设一个供应商的零部件随机产出、另一个供应商固定产出，就会出现实际可以装配的产品数量与客户需求不匹配，此时的集配中心只能够按较少的一种零部件数量来齐套地直送工位以进行装配。由于集配中心对上游的供应商通常采用的是"上线结算"的支付方式，因此一个供应商产出的随机性不仅会"连累"固定产出供应商产生额外库存持有成本，而且会使制造商发生缺货、同时会让集配中心放大订单量（以免缺货）而造成"牛鞭效应"。这里忽略供应商的提前期以及产品装配时间。具体符号描述如下：

D：最终产品的需求量，其密度函数 $g(\cdot)$ 和分布函数 $G(\cdot)$ 已知；

Q_1：集配中心对随机产出供应商的零部件订单量；

Q_2：集配中心对固定产出的供应商的零部件订单量；

k_1：随机产出供应商的供应因子，其密度函数 $f(\cdot)$ 和分布函数 $F(\cdot)$ 已知；

w：最终产品的单位缺货成本；

h_1, h_2：两种零部件的单位持有成本；

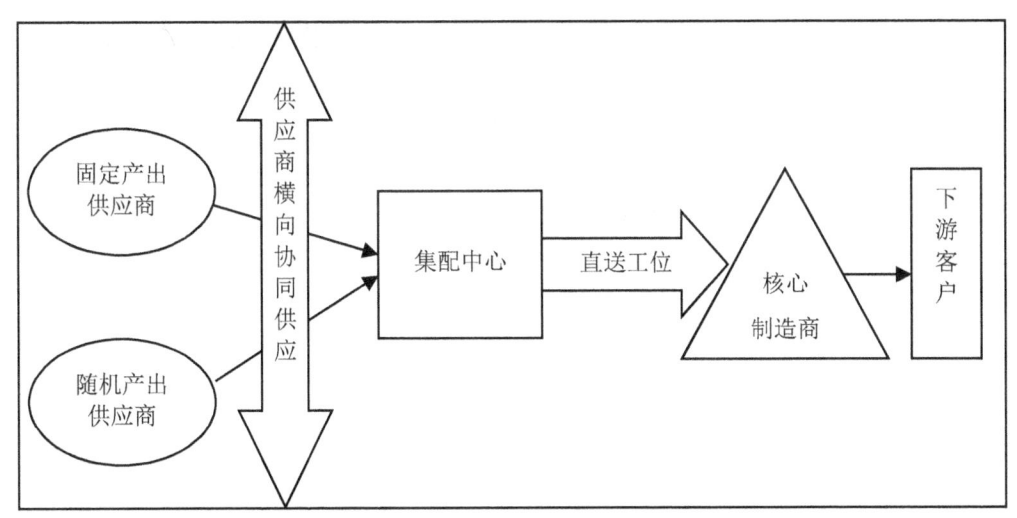

图4.1 集配中心直送工位示意图

4.3 随机产出的供应商与固定产出的供应商之间协同模式

4.3.1 供应商分散决策模型

由于集配中心可以根据历史数据得知随机产出的供应商的零部件供应情况，所以为了减少零部件缺货的发生，可能会适当放大对其的订单量 Q_1。此时，由于不确定性而造成全局供应链的额外库存损失成本为：

$$TC_1 = w[D - \min(k_1 Q_1, Q_2)]^+ + h_1(k_1 Q_1 - D)^+ + h_2(Q_2 - k_1 Q_1)^+ \quad (4.1)$$

决策目标为：

$$\min(E(TC_1)) \quad (4.2)$$

其中 $Q_2 = D$，因此决策变量仅为 Q_1。

式（4.1）中的第一项为制造商缺货而受到客户的惩罚，第二项为随机产出的供应商的剩余零部件的持有成本，第三项为固定产出的供应商的剩余零部件的持有成本。

命题4.1：在分散决策下，当满足一定条件时，全局供应链的期望损失成本是关于随机产出供应商订单量的凸函数；存在唯一的订单量 Q_1^* 使得期望损失成本最小化。

证明：把式（4.1）的期望按分段积分形式展开得：

$$E(TC_1) = \int_0^\infty \int_0^{D/Q_1} [(w + h_2)(D - k_1 Q_1)] f(k_1) g(D) dk_1 dD$$
$$+ \int_0^\infty \int_{D/Q_1}^1 h_1(k_1 Q_1 - D) f(k_1) g(D) dk_1 dD$$

令其一阶导数 $\dfrac{\partial E(TC_1)}{\partial Q_1} = 0$，

得到 $\int_0^\infty \int_{D/Q_1}^1 k_1 f(k_1) g(D) dk_1 dD = (w + h_2) E(k_1)/(w + h_1 + h_2)$

又可求其二阶导数 $\dfrac{\partial^2 E(TC_1)}{\partial Q_1^2} = (w + h_1 + h_2)/Q_1^3 \int_0^\infty D^2 f(D/Q_1) g(D) dD$，显然大于0.

因此，当满足 $\int_0^\infty \int_{D/Q_1}^1 k_1 f(k_1) g(D) dk_1 dD = (w + h_2) E(k_1)/(w + h_1 + h_2)$ 时，$E(TC_1)$ 是凸函数，并存在唯一 Q_1^* 使得 $E(TC_1)$ 取得最小值。由于模型的复杂性，不能直接求解，无法给

出极值的解析解或精确解，故在4.5中采用Excel软件的VBA程序进行模拟仿真数据进行了验证，并根据相应的参数求出了数值解。证毕。

4.3.2 固定产出的供应商自发协同模式

由于齐套零部件直送工位的上线结算方式，式（4.1）中的第三项虽然是固定产出供应商所承担的多余零部件的持有成本，但却是由于随机产出供应商的不确定零部件供应所造成的。所以，固定产出的供应商具有主动性和积极性自发地来与随机产出供应商进行零部件协同供应。由于两个供应商横向之间不会进行信息共享，所以固定产出的供应商可以根据历史数据来预测对方所产出的随机量，并结合自己所收到的来自集配中心的订单量，来确定自己的实际供应量S_2，因为集配中心的订单量Q_1固定产出供应商是可以推测而得到的。可得：

$$S_2 = \mu Q_1 \tag{4.3}$$

其中μ与k_1独立同分布。此时，全局供应链的额外库存损失成本为：

$$TC_2 = w[D - \min(k_1Q_1, S_2)]^+ + h_1[k_1Q_1 - \min(S_2, D)]^+ + h_2[S_2 - \min(k_1Q_1, D)]^+ \tag{4.4}$$

决策目标为：

$$\min(E(TC_2)) \tag{4.5}$$

其中决策变量仍为Q_1。

命题4.2：固定产出供应商自发协同模式下，当满足一定条件时，全局供应链的期望损失成本是关于随机产出供应商订单量的凸函数；存在唯一的订单量Q_1^*使得期望损失成本最小化。

证明：把式（4.4）按分段积分的形式展开得：

$$E(TC_2) = \int_0^\infty \int_0^{D/Q_1} \int_0^\mu [w(D-k_1Q_1) + h_2(\mu-k_1)Q_1] f(k_1) f(\mu) g(D) dk_1 d\mu dD$$
$$+ \int_0^\infty \int_0^{D/Q_1} \int_0^{k_1} [w(D-\mu Q_1) + h_1(k_1-\mu)Q_1] f(\mu) f(k_1) g(D) d\mu dk_1 dD$$
$$+ 2\int_0^1 \int_0^{\mu Q_1} \int_0^{D/Q_1} [w(D-k_1Q_1) + h_2(\mu-k_1)Q_1] f(k_1) g(D) f(\mu) dk_1 dDd\mu$$
$$+ 2\int_0^1 \int_0^\mu \int_0^{k_1Q_1} [h_1(k_1Q_1-D) + h_2(\mu Q_1-D)] g(D) f(k_1) f(\mu) dDdk_1 d\mu$$

由于k_1与μ可以互换，所以第三、四项前面有系数2。

求其一阶导数$\frac{\partial E(TC_2)}{\partial Q_1}$，因其展开较冗长，故省略。当$w \to 0$时，$\frac{\partial E(TC_2)}{\partial Q_1} < 0$；当$w \to \infty$时，$\frac{\partial E(TC_2)}{\partial Q_1} > 0$。因此，总存在$w, h_1, h_2, Q_1$之间满足一定的大小关系，使得$\frac{\partial E(TC_2)}{\partial Q_1} = 0$。

对于二阶导数，当$w \to 0$或$Q_1 \to \infty$时，$\frac{\partial^2 E(TC_2)}{\partial Q_1^2} > 0$。

所以，当w, h_1, h_2, Q_1之间满足上述条件时，$E(TC_2)$是凸函数，并存在唯一Q_1^*使得$E(TC_2)$取最小值。证毕。

4.3.3 第三方物流（集配中心）主导下的供应商横向协同模式

由于固定产出供应商自发协同模式是在信息没有共享的环境下做出的分散决策，从式（4.4）可以看出，其在试图减少自己的库存持有成本的同时可能会恶化零部件供应的不确定性和齐套性，会给对方供应商甚至全局供应链带来更大的库存损失成本。因此，第三方物流（集配中心）有能力也有义务来成为多个供应商横向协同的主导。集配中心通过与两个供应商进行实时产出、供应信息的交换和共享，从而实现以随机产出供应商为主、固定产出供应商积极与其配合的横向协同供应模式。这时的固定产出供应商不再需要预测对方的随机量，而是直接从集配中心获取，以得到自己的实际供应量：

$$S_2 = k_1 Q_1 \tag{4.6}$$

全局供应链的库存损失成本为：

$$TC_3 = w[D - k_1Q_1]^+ + (h_1 + h_2)[k_1Q_1 - D]^+ \tag{4.7}$$

决策目标为：

$$\min(E(TC_3)) \tag{4.8}$$

决策变量仍然为 Q_1。从式（4.7）可以看出：实现了多供应商之间横向协同后，消除了供应链中的零部件不匹配持有成本的浪费，但缺货成本和齐套零部件剩余依然存在。

命题4.3：实现集配中心主导下的多供应商横向协同模式后，当满足一定条件时，全局供应链的期望损失成本是关于订单量的凸函数；存在唯一的订单量 Q_1^* 使得期望损失成本最小化。

证明：把式（4.7）的期望按分段积分形式展开得：

$$E(TC_3) = \int_0^\infty \int_0^{D/Q_1} w(D - k_1 Q_1) f(k_1) g(D) dk_1 dD$$
$$+ \int_0^\infty \int_{D/Q_1}^1 (h_1 + h_2)(k_1 Q_1 - D) f(k_1) g(D) dk_1 dD$$

令其一阶导数 $\dfrac{\partial E(TC_3)}{\partial Q_3} = 0$，

可以得到 $\int_0^\infty \int_{D/Q_1}^1 k_1 f(k_1) g(D) dk_1 dD = wE(k_1)/(w + h_1 + h_2)$

其二阶导数 $\dfrac{\partial^2 E(TC_3)}{\partial Q_1^2} = (w + h_1 + h_2)/Q_1^3 \int_0^\infty D^2 f(D/Q_1) g(D) dD$，显然大于0。

因此，当满足 $\int_0^\infty \int_{D/Q_1}^1 k_1 f(k_1) g(D) dk_1 dD = wE(k_1)/(w + h_1 + h_2)$ 时，$E(TC_3)$ 是凸函数，并存在唯一 Q_1^* 使得 $E(TC_3)$ 在此点取得最小值。证毕。

4.4 核心制造商参与下的供应商之间协同模式

在之前的模型假设中，供应不确定的供应商仅仅是按所接收的订单量以一定的供应比例进行零部件供应，在文献Ciarallo、Akella和Morton（1994）,Bollapragada、Rao和Zhang（2004）以及Li、Li和Cai（2012）中都有类似假设；所讨论的协同模式也仅仅是从上游的多个供应商或集配中心的角度出发，下游的制造商只是对协同供应的被动接受。其实在面临上游不确定的零部件供应、下游不确定的客户订单的环境中，制造商是会反应出相应的不确定性的规避态度的，甚至会与供应链中的各个成员共享私有信息以实现零部件协同供应,从而实现全局供应链的协调和改善。面对下游的市场需求和上游零部件供应的双重不确定环境,制造商通常会表现出三种不同的规避态度:下行损失规避(Downside Lost Averse)、持有规避(Holding Averse)和缺货规避(Shortage Averse)。

4.4.1 下行损失规避型制造商

下行损失的定义是:全局供应链的损失小于或等于其规定的目标损失的概率。在实现集配中心主导下的零部件协同供应之前,全局供应链的决策目标函数依然为式(4.2),但受到的约束为:

$$\text{s.t. } P(TC_1 \leq \theta) \geq \pi \quad (4.9)$$

其中 θ 为制造商所规定的目标损失,π 为制造商的下行损失规避系数。在 θ 不变的情况下,π 越大,说明其对不确定性的规避态度越强烈;同理在 π 不变的情况下,θ 越小,也说明其对不确定性的规避态度越强烈。决策变量是订单量 Q_1。

命题4.4:对于制造商规定的任意一对目标损失 θ 和下行损失规避系数 π,当 $\pi \leq \pi_D(\theta)$ 时,若满足一定参数条件,存在唯一的订单量 Q_1^* 使得全局供应链的期望损失成本最小化。

其中,$\pi_D(\theta)$ 是目标损失 θ 所对应的下行损失的最大值。

证明:对于给定的一组 (θ,π) 值,当 $\pi \leq \pi_D(\theta)$ 时,总存在决策变量订单量 Q_1 的可行域。又因为决策变量订单量 $Q_1 > 0$ 且是有限整数。对于 Q_1 的每一个取值,$E(TC_1)$ 都有唯一的值与之对应。根据(R K.Sundaram,2008)定理,总存在最优订单量 Q_1^*,使 $E(TC_1)$ 取得最小值。由于该供应链系统的动态性和复杂性,S_1、S_2 与 D 的数值大小关系会出现类似表3.1中的多种不同的情况,所对应的期望损失推导起来较繁冗,因此将在第5小节的模拟仿真中验证。证毕。

当采用了集配中心主导下的零部件协同供应模式后,全局供应链的决策目标函数为式(4.7),但受到的约束为:

$$\text{s.t. } P(TC_3 \leq \theta) \geq \pi \quad (4.10)$$

决策变量同样为订单量Q_1。

命题4.5：采用集配中心主导下的零部件协同供应模式后，对于制造商规定的任意一对目标收益θ和下行损失规避系数π，当$\pi \le \pi_D(\theta)$时，若满足一定参数条件，存在唯一的订单量Q_1^*使得全局供应链的期望损失成本最小化；并且相比于协同之前的模型，期望损失降低了$E(TC_3) < E(TC_1)$。

证明：该命题的前一部分与命题4.4同理。在后一部份中，比较式（4.4）与式（4.7），实现协同以后，在相同的不确定环境下，零部件供应的匹配性、齐套性提高了，受到客户的缺货惩罚减少了，即式（4.7）的第一项小于式（4.4）的第一项；同时消除了多余不齐套的零部件，降低了剩余零部件的持有成本，即式（4.7）的第二项小于式（4.4）的第二、三项；所以其期望损失降低了。证毕。

4.4.2 持有规避型制造商

当最终产品装配完毕以后，剩余零部件可能有一种或都剩余的情况，而同时可能发生缺货。多余零部件的持有成本对于制造商来说是一种浪费，可以被看成是对制造商或集配中心的零部件订单过多以及供应量比例不匹配的一种惩罚。国外文献把对持有规避的态度也称为浪费规避（Waste Averse）（Arkes，1996；Schweitzer和Cachon，2000）。此时的全局供应链期望库存损失成本为：

$$E(TC_H) = E(TC_1) + H\int_0^\infty \{[S_1 - \min(S_1,S_2,D)]^+ + [S_2 - \min(S_1,S_2,D)]^+\}g(D)dD$$

（4.11）

其中H是常量，称为持有规避因子；H越大，说明制造商对持有规避的态度偏好越强烈。S_1、S_2是两个供应商的零部件实际供应数量。为了尽可能地降低持有成本，可以通过适当减少订单量的方式。这种情况下的决策目标函数为：

$$\min(E(TC_H)) \qquad (4.12)$$

决策变量仍然为订单量Q_1。

命题4.6：在持有规避的情况下，没有采用零部件协同供应时，在满足一定的条件下，全局供应链的期望损失成本是关于订单量的凸函数；存在唯一的订单量Q_1^*使得期望损失成本最小化。

证明：虽然式（4.11）比式（4.1）多出了最后一项，但可以把H合并到$E(TC_1)$的h_1和h_2中，即可以当成是h_1和h_2的值增加了。故其后的证明与命题4.1同理。$E(TC_H)$是关于Q_1的凸函数，存在唯一最优的Q_1^*使得$E(TC_H)$取最小值。证毕。

而在采用了集配中心主导下的零部件协同供应模式后，全局供应链期望库存损失成本为：

$$E(TC_H^X) = E(TC_3) + H\int_0^{k_1 Q_1} 2(k_1 Q_1 - D)g(D)dD \quad (4.13)$$

决策目标函数为：

$$\min(E(TC_H^X)) \quad (4.14)$$

上标X表示协同后，下标H表示持有规避。决策变量同样为Q_1。

命题4.7：采用集配中心主导下的零部件协同供应模式后，在持有规避的情况下，当满足一定的条件时，全局供应链的期望损失成本是关于订单量的凸函数；存在唯一的订单量Q_1^*使得期望损失成本最小化；并且相比于协同之前的模型，期望损失降低了$E(TC_H^X) < E(TC_H)$。

证明：目标函数的凸性证明与命题4.3同理。式（4.13）比式（4.7）多出了最后一项，可以当成是h_1和h_2的值增加，可以把H合并到$E(TC_3)$的h_1和h_2中。又因为协同后，增加了零部件供应的匹配性、齐套性，持有成本的浪费减少了，Q_1降低了，使得式（4.13）的第一项和第二项的期望值均比式（4.11）的第一项和第二项要低，因此$E(TC_H^X) < E(TC_H)$。证毕。

4.4.3 缺货规避型制造商

零部件供应商的不确定、不齐套地供应以及客户需求的波动，使得制造商无论以较高的订单量（提高产品可装配量）还是以较低的订单量（持有规避）进行零部件订货，都仍有可能发生缺货。制造商不仅仅要承担来自客户直接的缺货惩罚，而且还可能损失无形的商誉和未来的市场份额（Schweitzer和Cachon，2000）。根据Kahneman和Tversk（1979）的前景理论，可以把缺货规避看成是损失规避（Loss Averse）型制造商的一种具体表现（沈厚才、徐进和庞湛，2004），即对于缺货规避型的制造商来说，其感觉最终产品缺货的单位惩罚的效用会大于产品的边际收益的效用。依据文献（Schweitzer和Cachon，2000），此时的全局供应链期望库存损失成本为：

$$E(TC_S) = E(TC_1) + \lambda \int_{\min(S_1,S_2)}^{\infty} [D - \min(S_1,S_2)]g(D)dD \quad (4.15)$$

其中 λ 是常量，表示制造商的缺货规避因子；λ 越大，说明其缺货规避的态度偏好越强烈。此时就需要以较大的订单量来尽可能地减少缺货成本。这种情况下的决策目标函数为：

$$\min(E(TC_S)) \quad (4.16)$$

决策变量为订单量 Q_1。

命题4.8：在缺货规避的情况下，没有采用零部件协同供应时，在满足一定的条件下，全局供应链的期望损失成本是关于订单量的凸函数；存在唯一的订单量 Q_1^* 使得期望损失成本最小化。

证明：虽然式（4.15）比式（4.1）多出了最后一项，但可以把 λ 合并到 $E(TC_1)$ 的 w 中，即可以当成是单位缺货成本 w 值增加了。故其后的证明与命题4.1同理。$E(TC_S)$ 是关于 Q_1 的凸函数，存在唯一最优的 Q_1^* 使得 $E(TC_S)$ 取最小值。证毕。

而在采用了集配中心主导下的零部件协同供应模式后，全局供应链期望库存损失成本为：

$$E(TC_S^X) = E(TC_3) + \lambda \int_{k_1 Q_1}^{\infty} (D - k_1 Q_1)g(D)dD \quad (4.17)$$

决策目标函数为：

$$\min(E(TC_S^X)) \quad (4.18)$$

上标 X 表示协同后，下标 S 表示缺货规避。决策变量同样为 Q_1。

命题4.9：采用集配中心主导下的零部件协同供应模式后，在缺货规避的情况下，当满足一定的条件时，全局供应链的期望损失成本是关于订单量的凸函数；存在唯一的订单量Q_1^*使得期望损失成本最小化。

证明：目标函数的凸性证明与命题4.3同理。式（4.17）比式（4.7）多出了最后一项，可以当成是w的值增加，可以把λ合并到$E(TC_3)$的w中。故$E(TC_S^X)$是关于Q_1的凸函数，存在唯一最优的Q_1^*使得$E(TC_S^X)$取最小值。证毕。

4.4.4 信息完全共享型制造商

在前面描述的所有协同模式中，制造商并没有把客户的订单信息（怕泄露核心私有信息）共享给供应商以参与协同，使得协同的效果受到影响。而当单方供应商自发协同有可能恶化全局供应链损失，集配中心主导下的多供应商横向协同的效果有局限时，作为供应链核心成员的制造商就有责任和义务来向上游的集配中心和多个供应商及时、准确地共享客户的订单信息，进一步提高协同的效果，使全局供应链得到协调和改善。这里假设集配中心先向两个供应商下零部件订单，随机产出供应商无法获得客户订单的共享信息（如果与其共享订单信息，会使零部件的实际供应量更低）；只向固定产出供应商共享客户订单信息，其实际的供应数量为$S_2 = \min(k_1Q_1, D)$。此时全局供应链的库存损失成本为：

$$TC_4 = w[D - k_1Q_1]^+ + h_1[k_1Q_1 - D]^+ \quad (4.19)$$

决策目标为：

$$\min(E(TC_4)) \quad (4.20)$$

决策变量仍然为Q_1。从式（4.19）可以看出：实现了制造商完全信息共享的协同模式后，完全消除了固定产出供应商的零部件持有成本的浪费，但由于随机产出供应商的不确定性而导致的缺货成本和持有成本损失依然存在。

命题4.10：采用制造商信息完全共享的零部件协同供应模式后，当满足一定的条件时，全局供应链的期望损失成本是关于订单量的凸函数；存在唯一的订单量Q_1^*使得期望损失成本最小化；并且相比于没有信息共享的模型，期望损失降低了$E(TC_4) < E(TC_3)$。

证明：把式（4.19）的期望按分段积分形式展开得：

$$E(TC_4) = w\int_0^\infty \int_0^{D/Q_1}(D-k_1Q_1)f(k_1)g(D)dk_1dD + h_1\int_0^\infty \int_{D/Q_1}^1(k_1Q_1-D)f(k_1)g(D)dk_1dD$$

令其一阶导数 $\frac{\partial E(TC_4)}{\partial Q_1} = 0$，

得到 $\int_0^{D/Q_1}k_1f(k_1)dk_1 = h_1E(k_1)/(w+h_1)$

又可求其二阶导数 $\frac{\partial^2 E(TC_4)}{\partial Q_1^2} = (w+h_1)/Q_1^3\int_0^\infty D^2f(D/Q_1)g(D)dD$，显然大于0.

因此，当满足一阶条件 $\int_0^{D/Q_1}k_1f(k_1)dk_1 = h_1E(k_1)/(w+h_1)$ 时，$E(TC_4)$ 是凸函数，并存在唯一 Q_1^* 使得 $E(TC_4)$ 取得最小值。再通过比较式（4.7）与式（4.19）中的第二项，在实现了信息完全共享后，固定产出供应商的持有成本完全消除，式（4.19）的第二项明显小于式（4.7）的第二项，故 $E(TC_4) < E(TC_3)$。证毕。

4.5 模拟仿真与数例分析

由于该直送工位的三级供应链系统运作的复杂性，将同样采用Monte Carlo仿真方法来模拟零部件供应的全过程，通过比较不同的协同供应模式与分散决策的损失成本变化，从而验证不同参数条件下零部件协同供应模式的效果和价值。根据4.2节中的假设，这里设定 $D \sim N(200, 25^2)$、$k_1 \sim U(0.55, 0.98)$、$h_1 = 25$、$h_2 = 45$。在不确定的零部件供应和客户需求环境下，使用Excel软件编写VBA程序来生成10000组随机数对应不同的协同模式，让各种参数在一定的区间中、按各自的步长变化，以10000组计算结果的均值来观察其期望损失成本的变化和影响。

4.5.1 分散决策

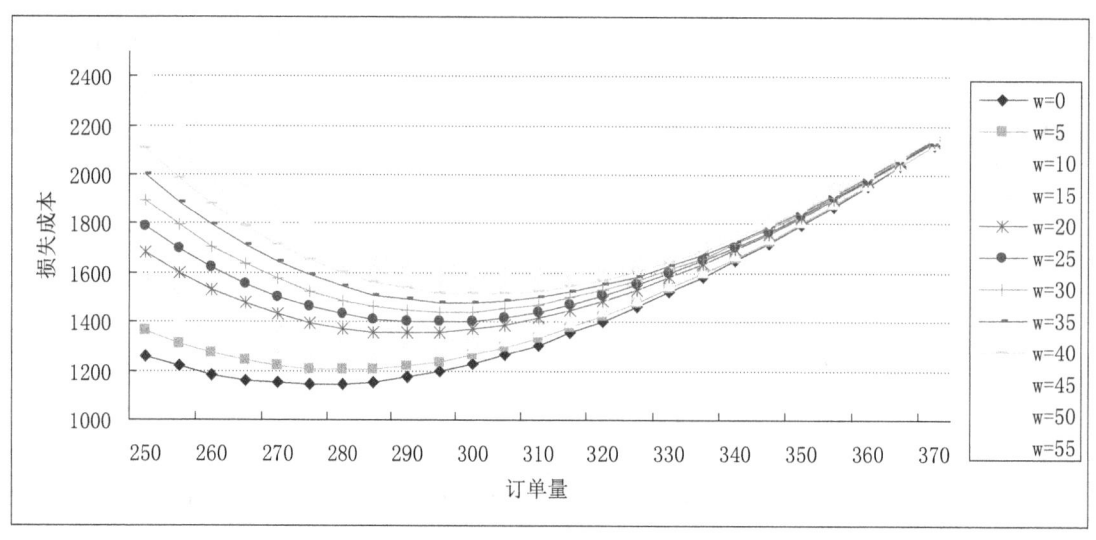

图4.2 分散决策的模拟仿真图（用时32秒）

在图4.2中，横坐标表示订单量Q_1，让其在250到370之间，以5为步长逐渐增长；纵坐标表示库存损失成本。多条不同的曲线对应不同的缺货惩罚成本，其值如图右边所示，w在0到55之间，以5为步长逐渐增长。不同缺货成本所对应的曲线都显示目标函数是凸函数，并存在唯一的订单量使目标函数取最小值，如表4.1所示。从而验证了命题4.1。

表4.1 分散决策的最优值

w	Q^*	$\min(E(TC_1))$
0	275	1142
5	280	1202
10	285	1257
15	285	1308
20	290	1354
25	295	1398
30	295	1438
35	300	1476
40	300	1512
45	305	1545
50	305	1576
55	310	1607

从表4.1的数据可以看出，随着单位缺货成本的增加，最优订单量和最小期望损失成本也会随之增加。因为集配中心只能通过提高对随机产出供应商的订单量来试图降低缺货率，但由于供应和需求的不确定性的存在，反而会增加持有成本，导致更高的损失成本。

4.5.2 自发协同模式

比较式（4.4）与式（3.1）可以发现，固定产出供应商的自发协同模式实质上会演变成两个供应商的供应量都不确定下的分散决策情况。因此，3.6.1小节中的模拟仿真结果同样适用于自发协同模式，可以验证命题4.2。从表3.4和表4.1中的数据显示，在相同的单位缺货成本下，自发协同模式虽然能够降低最优订单量，但是最小期望库存损失成本却增加了。即固定产出供应商为了降低自身的库存损失而通过预测的方式，自发（且不公开）地与随机产出供应商进行协同，反而会放大不确定性的影响、恶化全局供应链的库存损失。

4.5.3 集配中心主导的协同模式

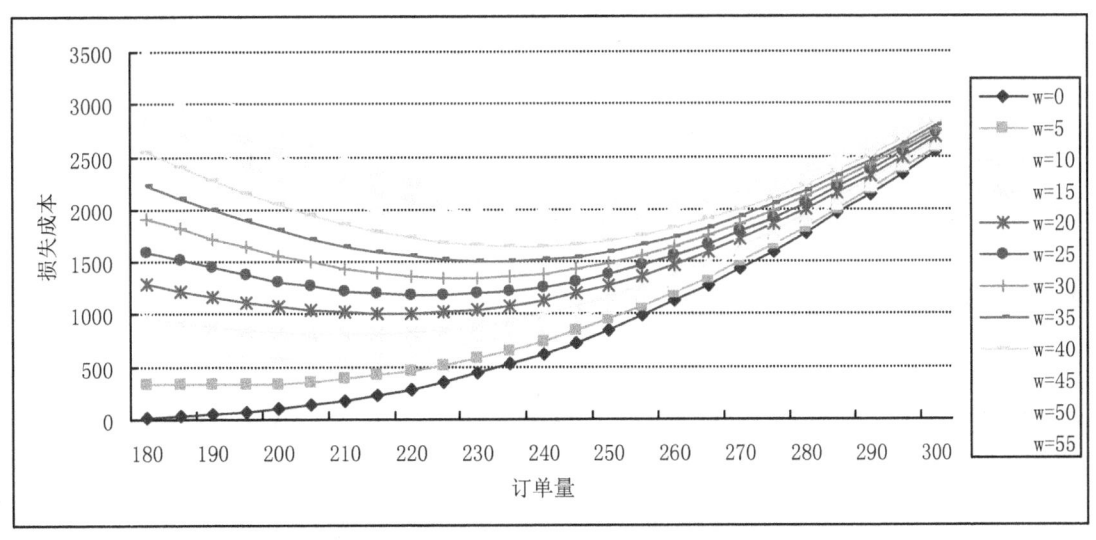

图4.3 集配中心主导下的协同模式仿真（用时31秒）

图4.3的坐标和曲线的表示与图4.2相同。从多条不同的曲线可以看出，当缺货成本较小（趋于零）时，如 $w=0$ 时，最下面的一条曲线是单调递增的。而当缺货成本较大（ $w \geq 5$

）时，对应的曲线显示目标函数是凸函数，并存在唯一的订单量使目标函数取最小值，如表4.2所示。从而验证了命题4.3。

表4.2 集配中心主导下的协同模式最优值

w	Q^*	$\min(E(TC_1))$
5	190	329
10	200	586
15	210	807
20	220	1006
25	225	1185
30	230	1349
35	235	1500
40	235	1640
45	240	1771
50	245	1896
55	245	2013

从表4.2的数据可以看出，随着单位缺货成本的增加，最优订单量和最小期望损失成本也会随之增加。对比表4.1可知，当单位缺货成本小于35时，集配中心主导下的协同模式优于分散决策，降低了全局供应链的库存损失；而当单位缺货成本大于35时，协同反而会增加期望最小库存损失。这是因为当w增加时，集配中心只能以增大的订单量来减少缺货，却反而由于不确定的供应导致了较多的剩余零部件持有成本。

4.5.4 三种规避型制造商参与的协同模式

在下行损失规避型制造商的仿真中，对于给定的单位惩罚成本w和目标损失θ，不同的订单量Q_1会对应着不同的下行损失π，可求得其中最大值为$\pi_D(\theta)$，如图4.4所示。

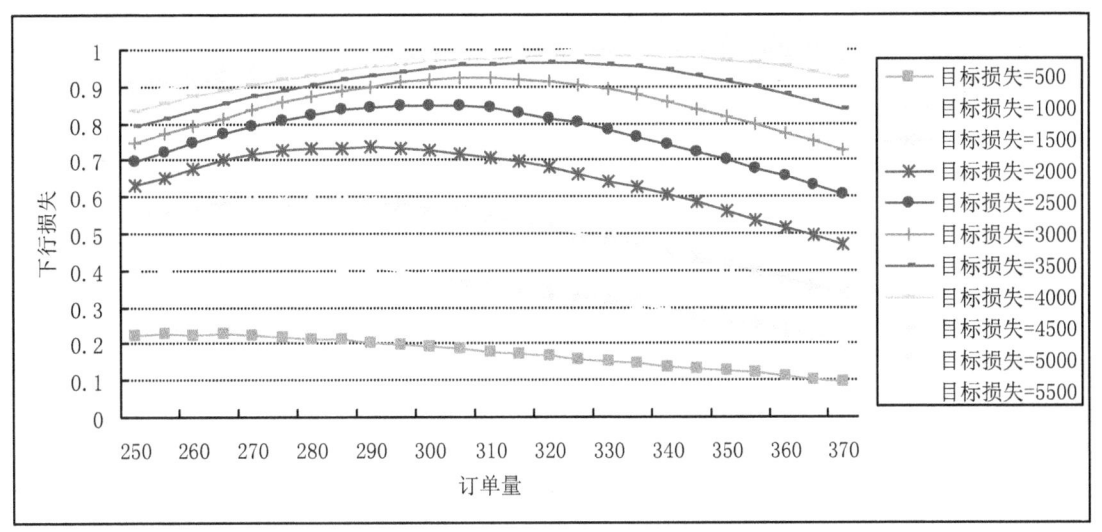

图4.4 分散决策下 $w=35$ 时下行损失仿真图（用时29秒）

图4.4中的横坐标表示订单量 Q_1、纵坐标表示下行损失、不同曲线对应不同的目标损失。图中显示出了下行损失关于订单量的凹性。随着目标损失 θ 的增加，下行损失也会相应增加。表4.3的数据显示了目标损失所对应的最大下行损失值及其订单量。

表4.3 $w=35$ 时下行损失仿真数据

θ	$\pi_D(\theta)$	Q
500	0.226	265
1000	0.426	270
1500	0.595	280
2000	0.736	290
2500	0.851	300
3000	0.925	310
3500	0.964	315
4000	0.987	325
4500	0.995	340
5000	0.999	350
5500	1	350

然后，对于制造商规定的任意一对目标损失 θ 和下行损失规避系数 π，只要满足 $\pi \leq \pi_D(\theta)$，就可以得到订单量 Q_1 的可行域，在 Q_1 的可行域中就一定能够求出期望损失成本的最小值，从而验证了命题4.4。例如，当 $\theta=500$、$\pi=0.2$ 时，可行域为 [250, 290]，在此可行域中的最小期望损失成本 $\min(TC_1)=1490$，$Q_1^*=290$；当 $\theta=5000$、$\pi=0.995$ 时，可行域为 [320, 370]，在此可行域中的最小期望损失成本 $\min(TC_1)=1550$，$Q_1^*=320$。比较表4.1中 $w=35$ 的数据可见，制造商为了规避下行损失，反而使得供应商甚至全局供应链的损失成本都增加了。

而在采用了集配中心主导的协同模式后，如图4.5所示：

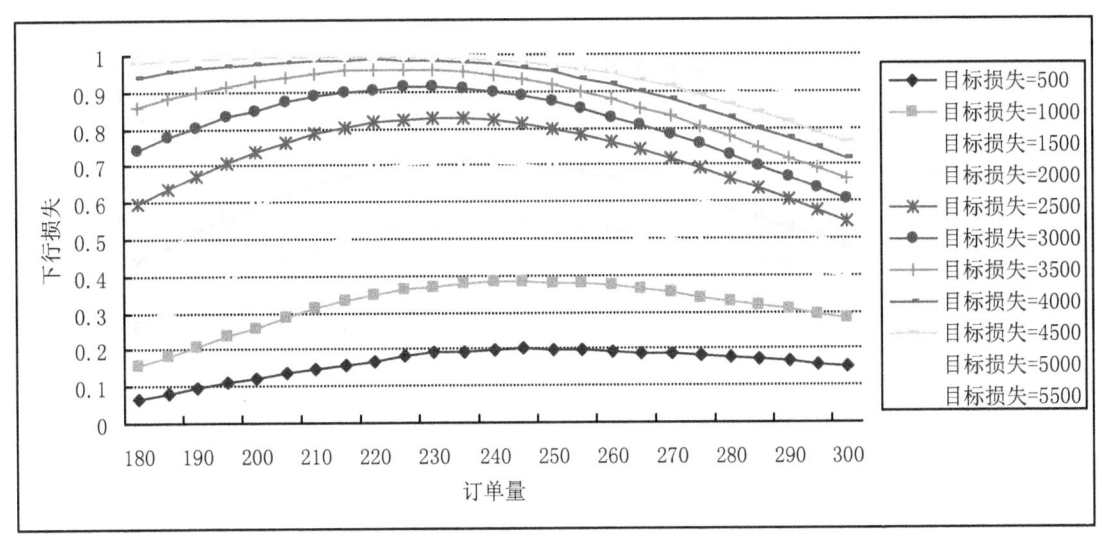

图4.5 协同后 $w=35$ 时下行损失仿真图（用时29秒）

图4.5中的坐标表示与图4.4相同。图中显示出了当 $w=35$ 时下行损失关于订单量的凹性。随着目标损失 θ 的增加，下行损失也会相应增加。表4.4的数据显示了目标损失所对应的最大下行损失值及其订单量。

表4.4 协同后 $w=35$ 时下行损失仿真数据

θ	$\pi_D(\theta)$	Q
500	0.201	245
1000	0.385	245
1500	0.555	245
2000	0.711	235
2500	0.828	230
3000	0.913	225
3500	0.961	220
4000	0.988	220
4500	0.996	215
5000	0.999	215
5500	1	205

可以看出在协同后，随着目标损失的增加，最大下行损失值所对应的订单量逐渐降低。同样对于制造商规定的任意一对目标损失 θ 和下行损失规避系数 π，只要满足

$\pi \leq \pi_D(\theta)$，就可以得到订单量Q_1的可行域，在Q_1的可行域中就一定能够求出期望损失成本的最小值，从而验证了命题4.5。例如，当$\theta = 500$、$\pi = 0.19$时，可行域为[230，260]，在此可行域中的最小期望损失成本$\min(TC_1) = 1500$，$Q_1^* = 235$；当$\theta = 5000$、$\pi = 0.998$时，可行域为[200，225]，在此可行域中的最小期望损失成本$\min(TC_1) = 1517$，$Q_1^* = 225$。比较表4.2中$w = 35$的数据可见，制造商为了规避下行损失，反而使得供应商甚至全局供应链的损失成本都增加了。

当制造商是持有规避型的态度偏好时，当$w = 35$时如图4.6和4.7所示：

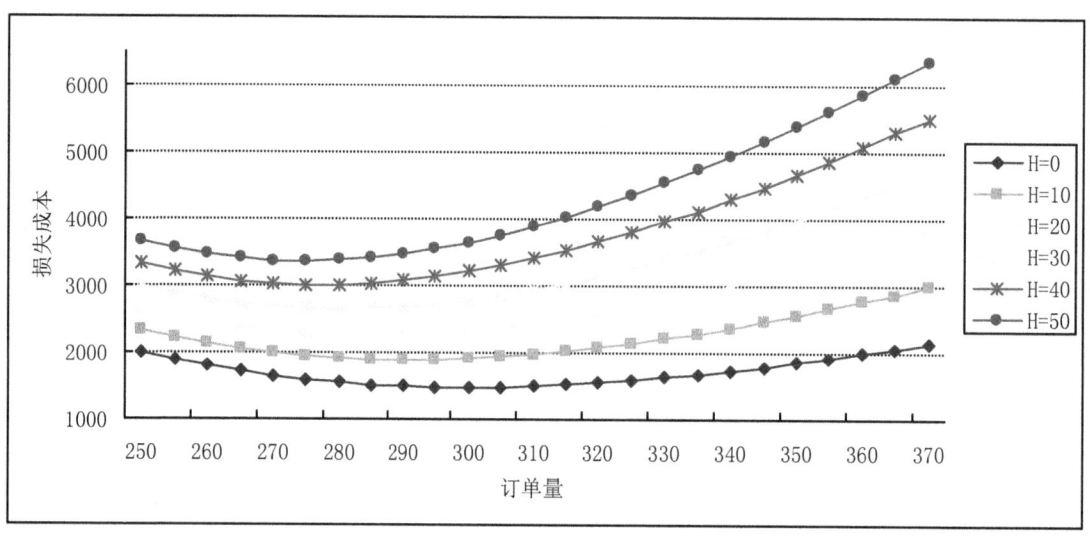

图4.6 协同前$w = 35$时的持有规避型制造商的模拟仿真图（用时16秒）

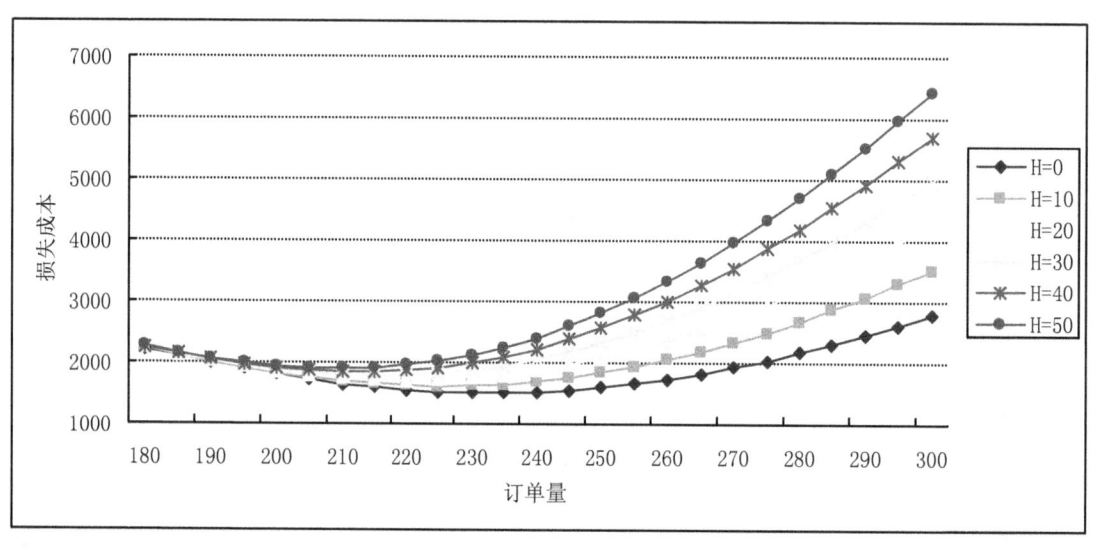

图4.7 协同后$w = 35$时的持有规避型制造商的模拟仿真图（用时15秒）

在图4.6和图4.7中，横坐标表示订单量Q_1；纵坐标表示库存损失成本。多条不同的曲线对应不同的持有规避偏好程度，其值如图右边所示。不同H所对应的曲线都显示目标函数是凸函数，并存在唯一的订单量使目标函数取最小值，如表4.5所示。从而验证了命题4.6和命题4.7。

表4.5 协同前后$w=35$时持有规避型制造商的仿真数据

H	协同前		协同后	
	Q_1^*	$\min(E(TC_H))$	Q_1^*	$\min(E(TC_H^X))$
0	300	1476	235	1500
10	290	1886	225	1618
20	285	2273	220	1710
30	280	2645	215	1786
40	275	3009	210	1849
50	275	3364	210	1900

从表4.5看出当$H=0$时实际上就是没有规避偏好的情况；而当H从10到50以步长为10增长时，最优订单量会逐步降低，同时最小期望损失成本逐步提高。这是因为H越大说明制造商的持有规避的态度偏好越强烈，就会降低订单量以尽量减少持有成本。比较协同前后的数据可以看出，协同能够同时降低最优订单量和最小期望损失成本。

当制造商是缺货规避型偏好态度时，当$w=35$时如图所示4.8和4.9所示：

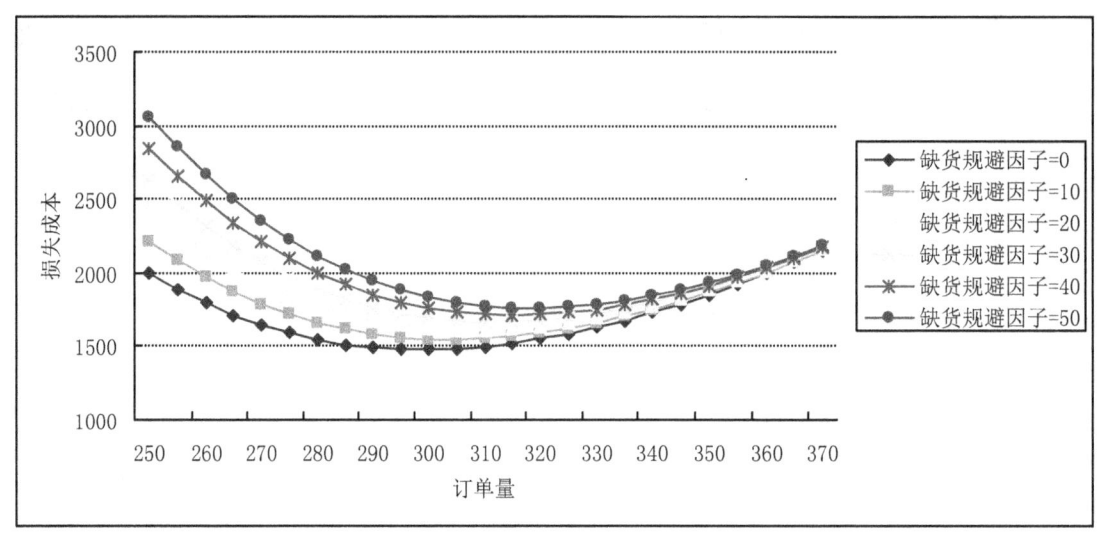

图4.8 协同前 $w=35$ 时的缺货规避型制造商的模拟仿真图（用时16秒）

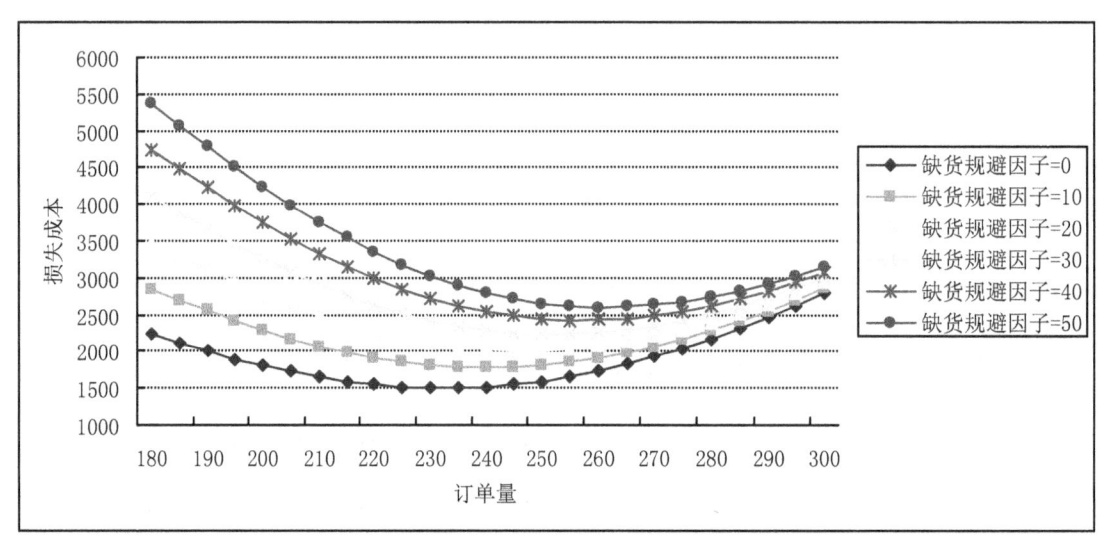

图4.9 协同后 $w=35$ 时的缺货规避型制造商的模拟仿真图（用时16秒）

在图4.8和图4.9中，横坐标表示订单量 Q_1；纵坐标表示库存损失成本。多条不同的曲线对应不同的缺货规避偏好程度，其值如图右边所示。不同 λ 所对应的曲线都显示目标函数是凸函数，并存在唯一的订单量使目标函数取最小值，如表4.6所示。从而验证了命题4.8和命题4.9。

表4.6 协同前后 $w=35$ 时缺货规避型制造商的仿真数据

λ	协同前		协同后	
	Q_1^*	$\min(E(TC_S))$	Q_1^*	$\min(E(TC_S^X))$

0	300	1476	235	1500
10	305	1545	240	1771
20	310	1607	245	2013
30	310	1662	250	2229
40	315	1712	255	2424
50	320	1758	260	2603

从表4.6看出当$\lambda = 0$时实际上就是没有规避偏好的情况；而当λ从10到50以步长为10增长时，最优订单量和最小期望损失成本逐步提高。这是因为λ越大说明制造商的缺货规避的态度偏好越强烈，就会增加订单量以尽量减少缺货。比较协同前后的数据可以看出，较大的缺货规避因子和较大的订单量反而会影响协同的效果，导致最小期望损失成本升高。

4.5.5 制造商信息完全共享的协同模式

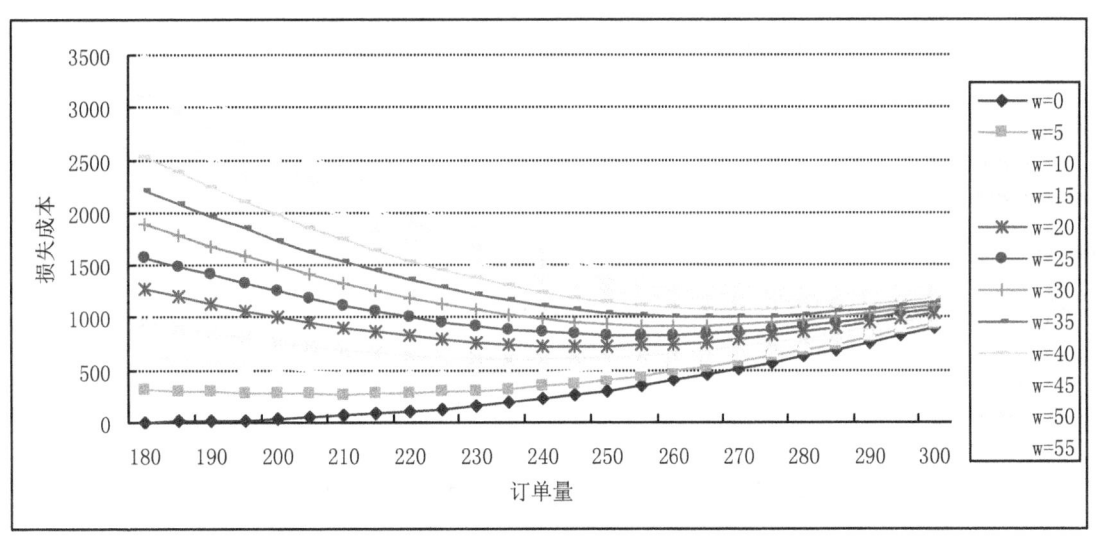

图4.10 完全信息共享型制造商的模拟仿真图（用时34秒）

图4.10的坐标和曲线的表示与图4.2相同。从多条不同的曲线可以看出，当缺货成本较小（趋于零）时，如$w = 0$时，最下面的一条曲线是单调递增的。而当缺货成本较大（$w \geq 5$）时，对应的曲线显示目标函数是凸函数，并存在唯一的订单量使目标函数取最小值，如表4.7所示。从而验证了命题4.10。

表4.7 制造商信息完全共享的协同模式最优值

w	Q^*	$\min(E(TC_4))$
5	210	273
10	225	459
15	240	605
20	245	727
25	255	831
30	260	923
35	265	1005
40	270	1077
45	275	1142
50	280	1202
55	285	1257

比较表4.7与表4.1、表4.2的数据，可以看出相比于分散决策模型，制造商的信息完全共享，能够减小订单量和最小期望库存成本损失，效果明显优于集配中心主导的协同模式。这是因为制造商共享了其需求订单信息，能够让固定产出的供应商做出更优的决策来进行零部件协同供应，减少了库存浪费，从而降低了全局库存损失成本。

4.5.6 协同价值分析

从以上的模拟仿真结果可以看出，在分散决策中受到直接损失的固定产出供应商有动力单独采取自发协同模式，反而恶化了不确定性的影响，不仅增加了自己和对方供应商的库存持有成本，还降低了制造商的订单满足率，从而增加全局供应链的库存损失。第三方物流（集配中心）主导下的供应商横向协同模式可以有效地减少多余零部件的持有成本，且当单位惩罚成本较小时可以降低全局的库存损失。具体如表4.8所示。

表4.8 不同协同模式的价值比较

协同模式	制造商损失	固定产出供应商损失	随机产出供应商损失	全局供应链损失

分散决策	较大	较大	较小	较大
自发协同	增加	增加	增加	增加
集配中心主导协同	降低	降低	降低	（有条件）降低
下行损失规避型	降低	降低	降低	（有条件）降低
持有规避型	降低	降低	降低	降低
缺货规避型	降低	增加	增加	增加
完全信息共享型	降低	降低	降低	降低

上述两种协同模式对制造商和全局供应链的价值是有限的，因为没有考虑到制造商应对不确定环境的反应。当制造商属于下行损失规避型时，比较表4.3与表4.4的数据，看出协同降低了相同目标损失下的最大下行损失值，这正是由于协同降低了全局库存损失，使得制造商的下行损失规避态度变缓和了。当制造商属于持有规避型时，表4.5数据显示随着持有规避因子的增加、规避态度越来越强烈，最优订单量明显降低，$\min(E(TC_H^X)) - \min(E(TC_H))$的差值越来越大，说明协同的效果越来越好、价值越来越高。而对于缺货规避型的制造商，分析结果类似与当单位缺货成本较大时的集配中心主导下的协同模式。在表4.6中随着缺货规避因子的增加，可以看成是单位缺货成本增加，集配中心只得进一步放大订单量来规避缺货，却造成了更多的剩余零部件持有成本，使得协同的价值和效果没有显示出来，协同后的全局损失反而增加了。当制造商完全共享其需求订单信息以参与协同后，在所有的情况下其协同的效果都优于分散模型和集配中心主导的协同模式，比较表4.7与表4.1、表4.2中的数据看出，制造商信息完全共享的协同模式是以（相对集配中心主导的协同模式）较高的最优订单量，减少了零部件的剩余浪费，实现了全局供应链的期望库存损失成本地明显降低。

4.6 本章小节

在基于第三方物流（集配中心）的供应链形成结构下，本章首先从供应商的角度提出了随机产出的供应商与固定产出的供应商之间的两种协同模式，再考虑了制造商对不确定性所表现出的多种不同偏好类型及其对协同供应的影响，并比较分析了分散决策与多种协同模式的全局损失成本的差异以及协同供应的价值。最后通过数学推导证明和Monte Carlo模型仿真实验，得到如下结论：

（1）相比较于分散决策，固定产出的供应商自发的协同模式反而会增加供应链的全局损失成本，恶化随机产出所导致的负面影响。

（2）第三方物流（集配中心）主导下的供应商横向协同模式，在一定参数范围内（客户单位惩罚成本较小时），相比较于分散决策能够降低供应链的全局损失成本；而当单位惩罚成本较大时，协同没有价值。

（3）当制造商对不确定的环境表现出下行损失规避型的态度偏好时，（相比较于没有该偏好时）会导致全局库存损失成本的升高。而在同一目标损失下，协同供应能够降低最大下行损失值；并且协同能够缓和制造商的下行损失规避的偏好，从而减少全局的库存损失成本。

（4）当制造商对不确定的环境表现出持有规避型的态度偏好时，其持有规避因子越大，实现协同供应后的全局库存损失的降低就越明显，协同的效果就越好。

（5）当制造商对不确定的环境表现出缺货规避型的态度偏好时，协同供应是没有价值的，反而会恶化不确定性所带来的影响、增加全局库存损失成本；缺货规避因子越大，协同供应的负面效果越大。

（6）当制造商向通过集配中心向固定产出的供应商完全共享信息时，协同供应能够明显地降低供应链全局的库存损失成本，该协同模式的价值和效果更优于第三方物流（集配中心）主导下的供应商横向协同模式。

5 基于通用零部件策略的供应商协同研究

5.1 引言

激烈地市场竞争迫使企业以更低的价格和更高的质量来提供更加多样化的产品。而通用零部件已经被公认为是以低成本来获取产品多样性的关键影响因素（Song和Zhao，2009；Kazuhiro Izui等，2010）。通用零部件能够发挥规模经济的优势来简化企业的采购，从改变产品结构的角度可以提升生产线的绩效。许多不同的产品共享一些相同的或相似的通用零部件集合，业界称其为平台，例如汽车的发动机、悬挂和变速箱；电脑中的CPU和鼠标等（Hillier，2002；Jans、Degraeve和Schepens，2008）。由于聚集效应的优势，使用很少的通用零部件来代替专用零部件能够减少安全库存水平。即使通用零部件的价格比专业零部件的价格相对较高，聚集效应的利润通常也可以超过其过高的购买成本（Eynan和Rosenblatt，2007；Collier，1982）。

虽然在供应链中采用通用零部件对于制造商来说是有好处的，但是其价值明显地依赖于零部件的价格、提前期和分配规则（Baker、Magazine和Nuttle，1986；Hillier，2000）等相关因素。如果通用零部件比专用零部件要花费更高的价格、更长的提前期、更复杂的信息共享和协同努力成本，那么它仍然还有价值吗？如果通用零部件发生短缺，那么如何使用不同的规则来把它调度分配给多个订单？制造商应该选择提前装配（AIA）还是按订单装配（ATO）呢？前者能够减少装配成本和提前期；后者可以消除（比需求多的）装配过多的产品。虽然通用零部件能够获得更低的库存和装配成本，但是会减少产品的吸引度及其收益。例如，TOYOTA在Camry平台上（共享许多关键零部件）装配Lexus sedan系列，对消费者的购买愿景造成了负面的影响（Gerchak、Magazine和Gamble，1988；Heese和Swaminathan，2006）。

目前的大多数文献已经研究了通用零部件的库存水平、聚集效应、零部件的调度分配和提交原则、AIA或ATO策略以及通用零部件设计等等问题（Gurnani、Kella和Lehoczky，2000；Yano和Lee，1995）。但是他们没有考虑到通用零部件供应商与专用零部件供应商之间的水平关系，以及他们之间横向协同的程度对下游制造商乃至供应链绩效的影响，特别是在供求不确定的环境下。本章提出采用了通用零部件战略后，多个零部件供应商会花费更多的协同努力成本（Effort Cost）以让通用零部件供应商和专用零部件供应商同时向下游的制造商协同供应零部件。并定量地分析了"协同努力成本"：供应商花费的努力越多，形成协同供应所花费的额外成本就越高；但是，通用零部件就会使用得越广泛、库存浪费就会越低、供应链就会得到更高的绩效。同时，本章还提出了基于"安全多方计算"协议的供应链信息共享模型，让供应链上所有成员都共享自己的私有信息而又不用担心信息泄露，从而实现通用零部件供应商、多个专用零部件供应商和核心制造商全局协同模式，最终以更优化的库存成本和适当的订单满足率向客户提供更低成本、及时地、定制的、多样性的产品。

5.2 问题假设与符号描述

考虑由多个零部件供应商、核心制造商和客户所组成的按订单装配型（ATO）供应链，这与文献Baker、Magazine和Nuttle（1986），Gerchak、Magazine和Gamble（1988）以及Song和Zhao（2009）中的模型相似。生产两种最终产品A和B，分别由两种零部件C和D、E和F按1:1的数量比例所装配而成，如图5.1所示。每种零部件由一个供应商提供。这与Baker（1986）的模型相似，但是其模型没有考虑不确定供应以及多个供应商之间横向协同的影响。为了合理又不失一般性，假设其生产运作过程为：制造商根据BOM中的产品结构，提前向上游的多个供应商下达零部件订单，假设订货的提前期为零；客户发生对最终产品的随机需求；多个供应商以不确定的数量向制造商供应多种零部件；制造商装配最终产品。多余的未齐套零部件产生库存持有成本；未满足的订单需求产生缺货惩罚成本。

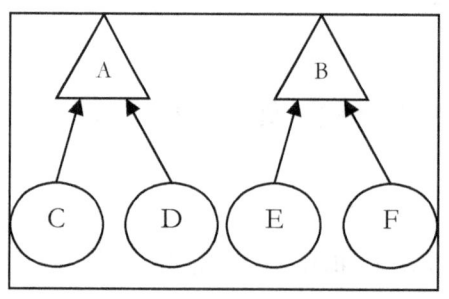

图5.1 专用零部件模型

具体的符号描述如下：

D_A, D_B：最终产品A和B的需求，均服从正态分布；

P_A, P_B：最终产品A和B的价格；

$Q_C, Q_D; Q_E, Q_F$：零部件C、D、E和F的订单量，其中 $Q_C = Q_D$、$Q_E = Q_F$；

$S_C, S_D; S_E, S_F$：零部件C、D、E和F的实际供应量；

$S_C/Q_C, S_D/Q_D, S_E/Q_E, S_F/Q_F$：各个供应商的供应因子，独立同分布，其密度函数 $f(\cdot)$ 和分布函数 $F(\cdot)$ 已知；

$C_C, C_D; C_E, C_F$：零部件C、D、E和F的固定订单成本；

$P_C, P_D; P_E, P_F$：零部件C、D、E和F的价格；

$H_C, H_D; H_E, H_F$：零部件C、D、E和F的单位持有成本；

w_A, w_B：最终产品A和B的单位缺货惩罚成本。

5.3 通用零部件供应商与专用零部件供应商之间的协同模式

5.3.1 专用零部件供应商分散决策模型

当分散决策时，核心制造商的决策目标函数为：

$$\max E(TP_1) = E(P_A \min(D_A, S_C, S_D) + P_B \min(D_B, S_E, S_F) - TC_1(\vec{Q})) \quad (5.1)$$

其中 $\vec{Q} = (Q_C, Q_D, Q_E, Q_F)$ 是决策变量。TP_1 为制造商的利润，等号右边的前两项为产品A和B的收益，第三项是总成本。

$$\begin{aligned}TC_1 =\ & w_A[D_A - \min(S_C, S_D)]^+ + w_B[D_B - \min(S_E, S_F)]^+ + H_C[S_C - \min(D_A, S_C, S_D)]^+ \\ & + H_D[S_D - \min(D_A, S_C, S_D)]^+ + H_E[S_E - \min(D_B, S_E, S_F)]^+ + H_F[S_F - \min(D_B, S_E, S_F)]^+ \\ & + C_C + C_D + C_E + C_F + P_C S_C + P_D S_D + P_E S_E + P_F S_F\end{aligned}$$

$$(5.2)$$

式（5.2）中前两项为产品A和B的缺货惩罚成本；第三、四、五、六项为多余零部件的持有成本；第七、八、九、十项为固定订单成本；最后四项为零部件的购买成本。

命题5.1：分散决策下，在没有采用通用零部件策略时，当满足一定参数条件时，存在最优订单量 $\breve{Q}^* = (Q_C, Q_D, Q_E, Q_F)$，使得目标函数取最大值。

证明：式（5.1）的期望可以看成是独立的两个产品A和B的期望利润之和，因此可以分别求证。首先对于产品A，令 $Q_1 = Q_C = Q_D$、$k_C = S_C/Q_1$、$k_D = S_D/Q_1$，将其期望利润按积分形式展开，由于 Q_1、k_C、k_D 之间的大小关系有6种不确定的情况，产品A的期望利润展开后共有6个分段区间积分，表述起来较繁冗，在此省略。求其一阶导数，可知当 $P_A \to \infty$ 或 $w_A \to \infty$ 且 Q_1 远小于 D_A 并趋于0时，显然 $\frac{\partial E(A利润)}{\partial Q_1} > 0$；而当 $H_C, H_D \to \infty$ 且 Q_1 远大于 D_A 并趋于∞时，显然 $\frac{\partial E(A利润)}{\partial Q_1} < 0$。因此，总存在适当的条件满足 $P_A, w_A, H_C, H_D, Q_1, D_A$ 之间的关系，使得 $\frac{\partial E(A利润)}{\partial Q_1} = 0$。

求其二阶导数，可知当 $P_A \to 0$ 或 $w_A \to \infty$ 且 $H_C, H_D \to \infty$，显然 $\frac{\partial^2 E(A利润)}{\partial Q_1^2} < 0$。

因此，产品A的利润是关于 Q_1 的凹函数，当满足一阶导数为0的条件时，产品A的期望利润取最大值。对于产品B的情况，令 $Q_2 = Q_E = Q_F$、$k_E = S_E/Q_2$、$k_F = S_F/Q_2$，与产品A同理可证。

所以当 Q_1、Q_2 分别满足各自一阶导数为0的条件时，即：存在最优订单量 $\breve{Q}^* = (Q_C, Q_D, Q_E, Q_F)$，使得 $E(TP_1)$ 取最大值。证毕。

5.3.2 基于通用零部件的分散决策模型

当采用了通用零部件策略后，使用通用零部件T来替换专用零部件D和E，最终产品A和B共享零部件T，如图5.2所示。

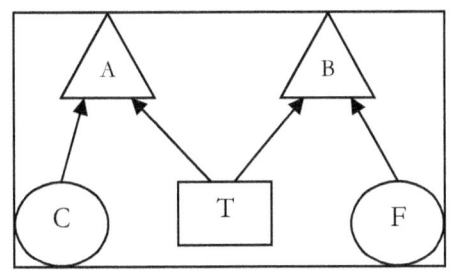

图5.2 通用零部件模型

传统的通用零部件的研究只关注通用零部件的价格、安全库存和维持库存的服务水平。而在本章中，把多个供应商之间的协同供应作为主要的研究问题。特别是当通用零部件T的供应是不确定的、短缺的时候，那么其分配规则就变成了供应链绩效的关键影响因素。在本模型中，我们采用"小订单优先"（SOF，Small-Order-First）的分配策略：这意味着通用零部件将优先与数量较小的产品订单中的专用零部件齐套装配，剩余的通用零部件再用于另一个产品订单。此时的核心制造商的决策目标函数为：

$$\max E(TP_2) = E(P_A \min(D_A, S_C, Alloc_C) + P_B \min(D_B, S_F, Alloc_F) - TC_2(\vec{Q})) \tag{5.3}$$

其中 $\vec{Q} = (Q_C, Q_T, Q_F)$

是决策变量。TP_2 是制造商的利润，等号右边的前两项为产品A和B的收益，第三项是总成本。

$$\begin{aligned} TC_2 = & \omega_A [D_A - \min(S_C, Alloc_C)]^+ + \omega_B [D_B - \min(S_F, Alloc_F)]^+ \\ & + H_C [S_C - \min(D_A, S_C, Alloc_C)]^+ + H_T [S_T - Alloc_C - Alloc_F]^+ \\ & + H_F [S_F - \min(D_B, S_F, Alloc_F)]^+ + C_C + C_T + C_F + P_C S_C + P_T S_T + P_F S_F \end{aligned} \tag{5.4}$$

式（5.4）中前两项为产品A和B的缺货惩罚成本；第三、四、五项为多余零部件的持有成本；第六、七、八项为固定订单成本；最后三项为零部件的购买成本。按照分配策略，$Alloc_C$ 和 $Alloc_F$ 分别表示通用零部件T实际能够分配给订单A和B的数量，从而与专用零部件C和F相齐套。当产品A的订单量小于产品B的订单量时：

$$Alloc_C = \min(D_A, S_C, S_T) \tag{5.5}$$

$$Alloc_F = \min(D_B, S_F, S_T - Alloc_C) \tag{5.6}$$

反之亦然。

命题5.2： 分散决策下，在采用通用零部件策略后，当满足一定参数条件时，存在最优订单量 $\breve{Q}^* = (Q_C, Q_T, Q_F)$，使得目标函数取最大值。

证明： 分 $D_A \leq D_B$ 和 $D_A > D_B$ 这两种情况来考虑。当 $D_A \leq D_B$ 时，把 $Allo_C = \min(D_A, S_C, S_T)$、$Allo_F = \min(D_B, S_F, S_T - Allo_C)$ 代入式（5.3）。同样把（5.3）中的 $E(TP_2)$ 看作由产品A的利润和产品B的利润所组成。与命题5.1同理可证，产品A的利润是关于 Q_C 的凹函数，当满足一阶导数为0的条件时，产品A的期望利润取最大值。产品B的订单的情况也同理可证。当 $D_A > D_B$ 时，同理可证。因此，当 Q_C、Q_F 分别满足各自一阶导数为0的条件时，即：存在最优订单量 $\breve{Q}^* = (Q_C, Q_T, Q_F)$，其中 $Q_T = Q_C + Q_F$，使得 $E(TP_2)$ 取最大值。证毕。

5.3.3 通用零部件供应商主动的协同模式

一些通用零部件（特别是关键零部件）供应商，其供应的不确定性对于供应链的绩效有着关键的影响，同时（由于其特殊的市场地位）又不愿意向其他供应商共享私有信息，因此在核心制造商主导下向通用零部件供应商共享多个专用零部件供应商的实时供应信息，从而让通用零部件供应商主动地与专用零部件供应商进行协同供应齐套的零部件。此时，通用零部件的实际供应量是根据两种专用零部件的实际供应量的总和来确定的，即：

$$S_T' = S_C + S_F \tag{5.7}$$

从而消除了零部件供应的不齐套性。但需要付出额外的协同努力成本 ec，如信息共享、协调供应、产能外包、赶工等等。协同努力成本花费越多，协同供应的效果就会越好。此时的核心制造商决策目标函数为：

$$\max E(TP_3) = E(P_A \min(D_A, S_C) + P_B \min(D_B, S_F) - TC_3(\breve{Q})) \tag{5.8}$$

其中 $\breve{Q} = (Q_C, Q_T, Q_F)$ 是决策变量。TP_3 是协同后制造商的利润，等号右边的前两项为产品A和B的收益，第三项是总成本。

$$TC_3 = \omega_A[D_A - S_C]^+ + \omega_B[D_B - S_F]^+ \\ + (H_C + H_T)[S_C - D_A]^+ + (H_T + H_F)[S_F - D_B]^+ \\ + C_C + C_T + C_F + P_C S_C + P_T S_T + P_F S_F + ec \tag{5.9}$$

式（5.9）中前两项为产品A和B的缺货惩罚成本；第三、四项为多余零部件的持有成本；第五、六、七项为固定订单成本；第八、九、十为零部件的购买成本；最后一项是协同努力成本。这里假设相应的协同努力成本为：

$$ec = s|S_T - S_C - S_F| \tag{5.10}$$

其中 s 是协同努力因子。第二个乘项表示的是通用零部件的实际可供应数量与两个专用零部件数量的差异。协同努力的目的就是消除该差异（即不匹配性）。此假设与Heese和Swaminathan（2006）的模型相似。

命题5.3：采用协同模式后，在满足一定参数条件下，存在最优订单量 $\check{Q}^* = (Q_C, Q_T, Q_F)$，使得目标函数取最大值；并且在一定参数范围内，协同模式优于分散决策模型。

证明：与命题5.2同理可证，当 Q_C、Q_F 分别满足各自一阶导数为0的条件时，存在最优订单量 $\check{Q}^* = (Q_C, Q_T, Q_F)$，其中 $Q_T = Q_C + Q_F$，使得 $E(TP_3)$ 取最大值。比较式（5.8）与式（5.3）可以看出，协同后的订单A和B的收益增加了（至少是持平）；同时只要把协同努力成本控制在一定范围内，协同后的总库存成本因为减少了剩余零部件持有成本浪费而降低，所以协同模型是优于分散决策模型的。证毕。

5.4 采用安全多方计算协议的全局协同模式

5.4.1 "安全多方计算"在供应链信息共享中的应用

在之前的各种协同模式中，要么是供应链所有成员非常理想地完全共享信息、要么是迫于现实地采取部分成员主动或主导的形式来共享不完全信息。这意味着信息共享已经成为实施供应链协同的重要前提，但也是主要障碍。然而，由于害怕私有商业信息被供应链中的其他成员利用或泄漏给其竞争对手，在供应链实践中，信息共享在实现起来还不尽如人意。因此，国内外学者提出把安全多方计算应用到供应链成员的信息共享中。本章在基于多个供应商的产能约束、零部件供应不确定的前提下，采用了安全多方计算（Secure Multi-Party

Computation）这样一个全新的供应链信息共享机制，来让多个供应商消除泄露私有产能信息的顾虑，积极、主动地参与集中决策机制，形成零部件物流的协同供应，最终使得多个零部件供应商与下游核心制造商的整个供应链达到协调。

5.4.2 考虑"末位惩罚"的供应链成员Stackelberg博弈

所有之前模型的一个重要假设前提是供应商的不确定零部件供应并不会受到制造商的缺货惩罚（Henig和Gerchak，1990；Gerchak、Wang和Yano，1994；Zimmer，2002），众多供应商缺乏参与协同供应的积极性。但从近期在中国重汽、上汽仪征、神龙汽车、武船重工等企业的调研情况来看，大型制造-装配型企业通常都会与其上游的多个零部件供应商签订契约，通过对缺货和晚交货的供应商进行惩罚的方式，来确保最终产品装配的正常进行或减少/转移自己由于无法按时按量交付需求订单所带来的损失。从对调研企业的高层管理人员的访谈得知，在中国的供应链管理实践中，当出现多个供应商由于产能约束而缺货或交货延迟时，制造商往往只会对缺货最多或交货最晚的单个供应商进行"末位惩罚"，从而起到"杀一儆百"、"树立反面典型"的作用。而当Stackelberg博弈中的"follower"（众多供应商）知道"leader"（制造商）的实际惩罚机制（不按契约，而按"末位惩罚"）后，都会采取相应的行动来打听其它供应商的产能和实时供应信息，从而决定自己是否需要赶工或外包来避免受到"末位惩罚"。当然，各个供应商也不愿意共享自己的产能信息或提供虚假的信息，从而"迷惑"对方，也可以防止私有信息被泄漏。其严重后果就是供应商花费了更多的赶工或外包成本，却可能受到更多的"末位惩罚"；而制造商在不断提高订单量（以免缺货）的同时，花费了更多的剩余零部件持有成本，却仍然无法提高对下游客户的订单满足率。

因此，本章把安全多方计算协议应用到多个零部件供应商的协同供应中来。由于在安全多方计算协议下，所有共享的私有产能信息都是加密的，每个供应商只能得到"赶工或外包"决策的计算结果，而无法获得其他参与成员所输入的私有信息。这是一种全新的供应链信息共享方式，可以让多个供应商积极、主动地共享自己的产能信息，同时保证供应商私有的产能信息不会泄露，却又能够得到各个供应商所需要的协同集中决策的计算结果。具体的参数符号如下所示：

G_C, G_T, G_F：三个供应商的赶工或外包数量；

$f_C(G_C), f_T(G_T), f_F(G_F)$：三个供应商的赶工或外包的单位成本函数，函数值大于价格且是递增的；

W：制造商对供应商的单位缺货惩罚成本。

5.4.3 分散决策模型

（1）制造商决策

在采用了通用零部件策略后，考虑对供应商的末位惩罚，此时制造商的决策目标函数：

$$\max E(TP_4) = E(P_A \min(D_A, S_C + G_C, Allo_C) \\ + P_B \min(D_B, S_F + G_F, Allo_F) - TC_4(\check{Q})) \tag{5.11}$$

其中 $\check{Q} = (Q_C, Q_T, Q_F)$ 是决策变量。TP_4 是制造商的利润，等号右边的前两项为产品A和B的收益，第三项是总成本。

$$\begin{aligned} TC_4 = &\omega_A[D_A - \min(S_C + G_C, Allo_C)]^+ + \omega_B[D_B - \min(S_F + G_F, Allo_F)]^+ \\ &+ H_C[S_C + G_C - \min(D_A, Allo_C)]^+ + H_T[S_T + G_T - Allo_C - Allo_F]^+ \\ &+ H_F[S_F + G_F - \min(D_B, Allo_F)]^+ + C_C + C_T + C_F \\ &+ P_C(S_C + G_C) + P_T(S_T + G_T) + P_F(S_F + G_F) - W[Q_i - S_i - G_i] \end{aligned} \tag{5.12}$$

与式（5.4）相似，只是最后多了一项对末位供应商的惩罚收益。

$$\text{其中 } i = \begin{cases} C, \text{当F先分配且} S_C + G_C < S_T + G_T - Allo_F \\ T, \text{当} S_T + G_T < S_C + G_C + S_F + G_F \\ F, \text{当C先分配且} S_F + G_F < S_T + G_T - Allo_C \end{cases} \tag{5.13}$$

当 $S_T + G_T = S_C + G_C + S_F + G_F$ 时，式（5.13）中的最后一项为零，没有惩罚。从式（5.13）可以看出，按SOF的分配规则，小订单产品所对应的专用零部件供应商总是可以避免惩罚，但分散决策使其事先无法获知。根据通用零部件SOF分配规则，当产品A的订单量小于产品B的订单量时：

$$Allo_C = \min(D_A, S_C + G_C, S_T + G_T) \tag{5.14}$$

$$Allo_F = \min(D_B, S_F + G_F, S_T + G_T - Allo_C) \qquad (5.15)$$

反之亦然。

当出现 $D_A < \min(S_C + G_C, Allo_C)$ 或 $D_B < \min(S_F + G_F, Allo_F)$ 的可能情况时，按常理制造商并没有因为缺货而受到下游客户的惩罚。但由于是分散决策，此时受到末位惩罚的供应商并不知道自己的供应量已经超过实际需求量，而制造商仍然会进行"末位惩罚"以弥补自己放大订货量而造成剩余零部件的持有成本。

命题5.4：分散决策下，当满足一定参数条件时，存在最优订单量 $\breve{Q}^* = (Q_C, Q_T, Q_F)$，使得目标函数取最大值。

证明：考虑到"末位惩罚"的公平性，令 $Q = Q_C = Q_F$。代入式（5.11）求其期望，按不同分段区间积分展开。对于产品A中的 D_A、$S_C + G_C$、$S_T + G_T$、Q 之间的大小关系有8种不确定的情况，对于产品B也同样如此，同时 $G_i, i = C, T, F$ 分别有3种不确定的取值情况，$E(TP_4)$ 展开后有多个分段区间积分，表述起来较繁冗，在此省略。令 $\frac{\partial E(TP_4)}{\partial Q} = 0$，当 $P_A, P_B \to \infty$ 或 $w_A, w_B \to \infty$ 且 Q 远小于 D_A, D_B 并趋于0，同时参数 $W \to 0$ 时，一阶导数大于0；而当 $H_C, H_T, H_F \to \infty$ 且 Q 远大于 D_A, D_B 并趋于 ∞，同时参数 $W \to \infty$ 时，一阶导数小于0。因此可以推出总存在一定的 $P_A, P_B, H_C, H_T, H_F, w_A, w_B, W, Q$ 关系，使得一阶导数等于0。同样对于 $E(TP_4)$ 的二阶导数，也容易求得：当 $P_A, P_B \to 0$ 或 $w_A, w_B \to \infty$ 且 $H_C, H_T, H_F \to \infty$，同时参数 $W \to 0$ 时，$\frac{\partial^2 E(TP_4)}{\partial Q^2} < 0$。因此，总存在满足一定的 $P_A, P_B, H_C, H_T, H_F, w_A, w_B, W, Q$ 关系，使得期望函数是凹函数，并存在最优的订单量 $\breve{Q}^* = (Q_C, Q_T, Q_F)$ 使得目标函数的期望取得最大值。证毕。

（2）供应商决策

在分散决策下，供应商无法得知对方供应商的实时产能和供应信息，为了避免惩罚，各个供应商均会以类似"军备竞赛"的方式来尽最大努力进行赶工或外包。但在前提假设中赶工或外包的单位成本始终大于零部件价格且是递增的，所以其最大数量 G_i^M 应该使得其单位亏损等于单位缺货惩罚，即：$f_i(G_i^M) - P_i = W$，$i = C, T, F$。因此，各个供应商的损失成本可表示为：

$$TC_C = G_C[f_C(G_C) - P_C] + mW(Q_C - S_C - G_C) \qquad (5.16)$$

$$TC_T = G_T[f_T(G_T) - P_T] + mW(Q_T - S_T - G_T) \qquad (5.17)$$

$$TC_F = G_F[f_F(G_F) - P_F] + mW(Q_F - S_F - G_F) \qquad (5.18)$$

其中 $G_i = \begin{cases} G_i^M, \text{当} S_i + G_i^M \leq Q_i \\ Q_i - S_i, \text{当} S_i + G_i^M > Q_i \end{cases}$，$G_i \geq 0$，$i = C, T, F$；$m = \begin{cases} 1, \text{当受到末位惩罚} \\ 0, \text{当没有受到惩罚} \end{cases}$。

式（5.16）、（5.17）和（5.18）中第一项为赶工或外包的总亏损，第二项为供应商受到的"末位惩罚"。因此，在分散决策下，不确定的供应商所作出的最优决策，只是根据订单量、产能和赶工或外包成本来尽可能供应零部件，以避免惩罚。但是由于缺乏信息共享，供应商可能会出现努力赶工或外包后仍然受到惩罚，或者在根本就不需要（或需要少量）赶工或外包的情况下花费了大量成本来赶工或外包等等类似的情况。

5.4.4 全局协同模型

（1）安全多方计算的协议与步骤

该模型是在保证参与方信息的私有性的基础上，鼓励供应链各个成员积极主动地参与到零部件协同供应的机制中来，从而获得比分散决策更少的损失成本、更多的利润。如图5.3所示：

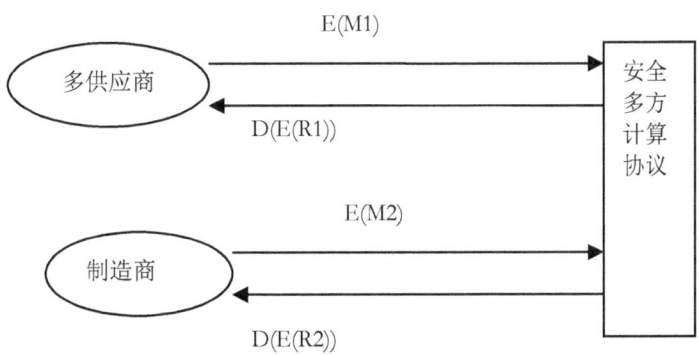

图5.3：安全多方计算协议模型

1）三个供应商分别输入自己的私有产能信息----

实际可供应数量S_C、S_T和S_F、零部件的单位价格P_C, P_T, P_F、赶工或外包的单位成本函数$f_C(\cdot), f_T(\cdot), f_F(\cdot)$。制造商输入自己所接受的产品订单信息$D_A, D_B$。多方安全计算协议必须能够保证这些信息的私有性；

2）对私有信息加密$E(M_1), E(M_2)$，再加密传输至安全多方计算中心；其中M_1表示供应商的信息，M_2表示制造商的信息；

3）根据以下几种情况来计算（其中C和F可以互换）决策结果R_1, R_2：

表5.1 供应商的赶工或外包决策

三个供应商的供应量比较	G'_C	G'_T	G'_F
$S_T + G_T = S_C + G_C + S_F + G_F$	G_C	G_T	G_F
若C优先分配 $S_C + G_C \geq S_T + G_T$	$\max(S_T + G_T - S_C, 0)$	G_T	0
若C优先分配 $S_C + G_C < S_T + G_T$ 且 $S_T + G_T - Allo_C \leq S_F + G_F$	G_C	G_T	$\max(S_T + G_T - Allo_C - S_F, 0)$
若C优先分配 $S_C + G_C < S_T + G_T$ 且 $S_F + G_F < S_T + G_T - Allo_C$	G_C	$\max(S_C + G_C + S_F + G_F - S_T, 0)$	G_F

其中$G_i = \begin{cases} G_i^M, &\text{当}S_i + G_i^M \leq D_i \\ D_i - S_i, &\text{当}S_i + G_i^M > D_i \end{cases}$，$G_i \geq 0$，$i = C, F$；

$G_T = \begin{cases} G_T^M, &\text{当}S_T + G_T^M \leq D_C + D_F \\ D_C + D_F - S_T, &\text{当}S_T + G_T^M > D_C + D_F \end{cases}$，$G_T \geq 0$。

与分散决策模型不同，表（5.1）显示了该协同模型算法保证了供应量较少的供应商通过赶工或外包后就一定能减少甚至避免惩罚；同时在保证供应量较多的供应商不受到惩罚的前提下，尽可能减少其赶工或外包的损失。并且供应商赶工或外包后的总供应数量不会超过产品订单的需求量（该信息已共享），而不是分散决策中的制造商所下订单量（该信息通常会被放大而超过实际需求量）。

4) 输出计算结果 R_1, R_2 加密传输给制造商和供应商，再通过解密得到制造商的最优订单量 $\check{Q}^* = (Q_C, Q_T, Q_F)$ 和各个供应商的最优赶工或外包的数量 G'_C、G'_T、G'_F。

（2）协同后的供应商决策

在采用安全多方计算协议实现协同之后，各个供应商的损失成本变为：

$$TC'_C = G'_C[f_C(G'_C) - P_C] + mW(D_C - S_C - G'_C) \tag{5.19}$$

$$TC'_T = G'_T[f_T(G'_T) - P_T] + mW(D_C + D_F - S_T - G'_T) \tag{5.20}$$

$$TC'_F = G'_F[f_F(G'_F) - P_F] + mW(D_F - S_F - G'_F) \tag{5.21}$$

其中 $m = \begin{cases} 1, & \text{当受到末位惩罚} \\ 0, & \text{当没有受到惩罚} \end{cases}$

与分散决策模型相似，式（5.19）、（5.20）和（5.21）中第一项为赶工或外包的总亏损，第二项为供应商受到的"末位惩罚"。所不同的是，在协同后的大部分情况下，任何供应商都不会受到"末位惩罚"，即 $S_C + G'_C + S_F + G'_F = S_T + G'_T$。只有当 $S_T - Alloc_C > S_F + G'_F$ 或 $S_T - Alloc_F > S_C + G'_C$ 时，才会对后分配的专用零部件供应商进行"末位惩罚"。通用零部件供应商只有当其赶工或外包后的数量仍然小于优先分配的专用零部件（没有赶工或外包）的供应数量，或剩下的通用零部件仍然小于后分配的专用零部件供应商（没有赶工或外包）的供应数量的时候，才会受到"末位惩罚"。

命题5.5：在安全多方计算协议下，各个供应商的期望损失成本小于分散决策下的期望损失成本。

证明：比较式（5.16）与式（5.19）、式（5.17）与式（5.20）以及式（5.18）与式（5.21）），可以看出在安全多方计算协议下，三个供应商的赶工或外包的数量 G'_C、G'_T、G'_F 要么减少了，要么（至多）与原来相等；同时三个供应商受到"末位惩罚"的概率也明显减少了。此时，$E(TC'_C) - E(TC_C) < 0$、$E(TC'_T) - E(TC_T) < 0$、$E(TC'_F) - E(TC_F) < 0$。

因此，在安全多方计算协议下，各个供应商的期望损失成本总是会小于分散决策下的期望损失成本。证毕。

（3）协同后的制造商决策

在基于安全多方计算协议的协同集中决策下，制造商的决策目标函数：

$$\max E(TP_5) = E(P_A \min(D_A, S_C + G'_C, Allo_C) \\ + P_B \min(D_B, S_F + G'_F, Allo_F) - TC_5(\breve{Q})) \tag{5.22}$$

其中 $\breve{Q} = (Q_C, Q_T, Q_F)$ 是决策变量。TP_5 是协同后的制造商利润，等号右边的前两项为产品A和B的收益，第三项是总成本。

$$\begin{aligned}TC_5 = &\omega_A[D_A - \min(S_C + G'_C, Allo_C)]^+ + \omega_B[D_B - \min(S_F + G'_F, Allo_F)]^+ \\ &+ H_C[S_C + G'_C - \min(D_A, Allo_C)]^+ + H_T[S_T + G'_T - Allo_C - Allo_F]^+ \\ &+ H_F[S_F + G'_F - \min(D_B, Allo_F)]^+ + C_C + C_T + C_F \\ &+ P_C(S_C + G'_C) + P_T(S_T + G'_T) + P_F(S_F + G'_F) - W[D_i - S_i - G'_i]\end{aligned} \tag{5.23}$$

式（5.23）与式（5.12）的结构相同。

$$其中\ i = \begin{cases} C, 当F先分配且S_T - Allo_F > S_C + G_C \\ F, 当C先分配且S_T - Allo_C > S_F + G_F \\ T, \begin{cases} 当F先分配且S_T + G_T < S_F\ 或\ S_T + G_T - Allo_F < S_C \\ 当C先分配且S_T + G_T < S_C\ 或\ S_T + G_T - Allo_C < S_F \end{cases} \end{cases} \tag{5.24}$$

命题5.6：在多方安全计算协议下，当满足一定参数条件时，存在最优订单量 $\breve{Q}^* = (Q_C, Q_T, Q_F)$，使得目标函数取最大值。

证明：与命题5.4同理可证。

（4）全局协同的价值

让安全多方计算协议下的全局期望利润为 GP'，分散决策下的全局期望利润为 GP，全局协同的价值为：$V = GP' - GP$。

命题5.7：在安全多方计算协议下，整个供应链的全局期望利润大于分散决策下的全局期望利润，其差值即为协同供应的价值。

证明： 因为在考虑全局利润时，惩罚成本属于供应链内部成本，不予计算在内，所以全局利润等于制造商的产品收益减去零部件生产成本、供应商的额外赶工或外包的成本和客户对制造商的缺货惩罚成本以及多余（未匹配、未齐套）零部件的持有成本。从命题5.3可知协同后供应商的赶工或外包的成本减少了或至少持平。从表5.1可知协同后制造商的实际装配最终产品的数量保持不变，但剩余零部件的持有数量变少了。其它成本不变。所以在安全多方计算协议下，整个供应链的全局期望损失成本降低了、利润增加了。协同供应的价值 $V>0$。证毕。

5.5 模拟仿真与数例分析

由于通用零部件策略的复杂性以及分配的动态性，因此采用Monte Carlo仿真方法来模拟基于通用零部件的协同过程，从而验证通用零部件供应商的协同价值以及安全多方计算用于全局协同的优势与价值。按照5.2中的假设，令最终产品的需求量服从正态分布 $D_A, D_B \sim N(200, 25^2)$；供应因子 $S_C/Q_C, S_D/Q_D, S_E/Q_E, S_F/Q_F, S_T/Q_T$ 服从均匀分布 $U(0.55, 0.98)$；固定订单成本 $C_C = 1600$，$C_D = 2200$，$C_E = 1600$，$C_F = 2200$；最终产品价格 $P_A = 340$，$P_B = 400$；零部件的价格 $P_C = 50$，$P_D = 80$，$P_E = 50$，$P_F = 80$；持有成本 $H_C = 16$，$H_D = 20$，$H_E = 18$，$H_F = 24$；客户的缺货惩罚成本 $w_A = 180$，$w_B = 200$。使用Excel软件编写VBA程序随机产生10000组需求量和供应因子的随机数，让各个参数在一定范围内按相应的步长变化，以观察供应链各个成员的损失成本及利润的变化情况。

5.5.1 专用与通用零部件供应商分散决策

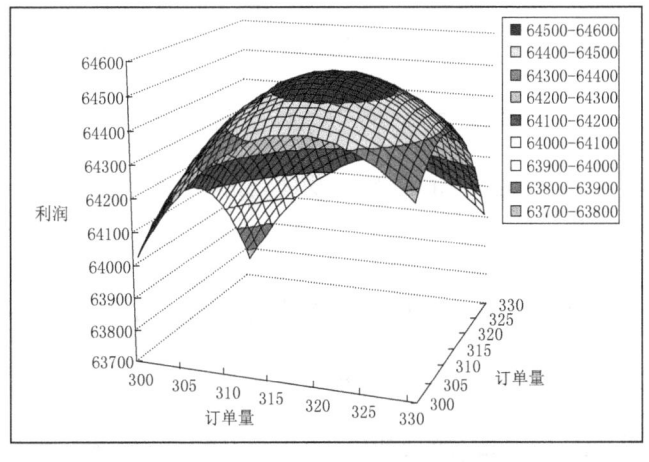

图5.4 专用零部件分散决策仿真图（用时5分28秒）

图5.4中 x 轴表示零部件C和D的订单量（$Q_C = Q_D$）、y 轴表示零部件E和F的订单量（$Q_E = Q_F$）、z 轴表示制造商的期望总利润。让 x 轴和 y 轴的订单量从300到330以1为步长逐步增加，计算得出存在最优的决策变量 $\check{Q} = (310, 310, 319, 319)$，使得核心制造商的最大期望利润值为64550。从而验证了定理5.1。

在采用了基于通用零部件的策略后，令通用零部件的相关成本在一定范围内变化 $H_T = 18, 24, 30$、$P_T = 40, 65, 90$、$C_T = 1600, 1800, 2400$。图5.5中 x 轴表示零部件C的订单量 Q_C、y 轴表示零部件F的订单量 Q_F、通用零部件T的订单量 Q_T 是 Q_C 与 Q_F 之和、z 轴表示制造商的期望总利润。当 $H_T = 18$、$P_T = 40$、$C_T = 1600$ 时，让 x 轴和 y 轴的变量从300到335以1为步长逐步增加，计算得出存在最优的决策变量 $\check{Q} = (328, 644, 316)$，使得制造商的最大期望利润值为79990。从而验证了定理5.2。

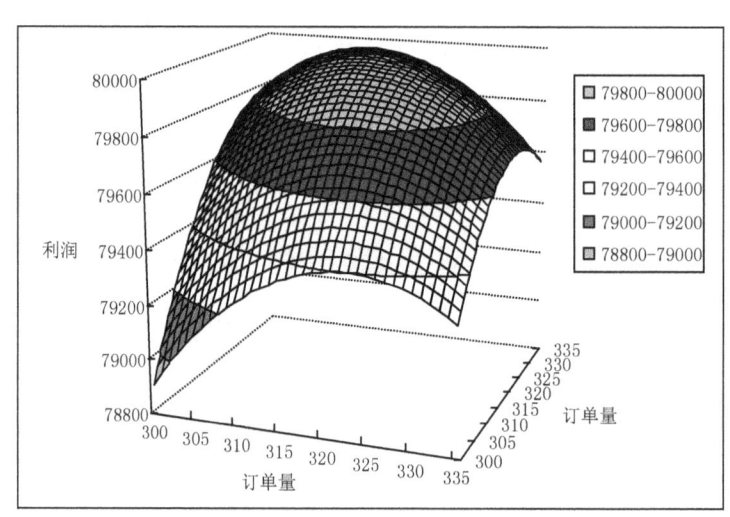

图5.5 基于通用零部件的分散决策仿真图（用时8分18秒）

表5.2中的数据显示：让 Q_C、Q_F 从250到330，Q_T 从500到660，均以1为步长逐步增加，计算通用零部件不同的相关成本所对应的制造商最优订单量和最大期望利润。可以看出随着通用零部件相关成本的不断增加，最优订单量会逐渐减少，最大期望利润也随之减少。当相关成本较小时，通用零部件策略下的最大期望利润是优于专用零部件的。但当相关成本较大时，例如 $P_T = 90$、$C_T = 2400$ 时，基于通用零部件的最大期望利润甚至会小于专用零部件的情况。由此说明，通用零部件策略的价值是与通用零部件的相关成本紧密联系的。这与Baker、Magazine和Nuttle（1986）、Gerchak、Magazine和Gamble（1986）以及Song和Zhao（2009）的研究结论是相似的。

表5.2 基于通用零部件的分散决策模型最优值（用时6小时1分40秒）

H_T	P_T	C_T	(Q_C^*, Q_T^*, Q_F^*)	最大期望利润
	40	1600	(328,644,316)	79990
18	65	1800	(318,625,307)	67665
	90	2400	(309,610,301)	55252
	40	1600	(326,640,314)	79368
24	65	1800	(317,623,306)	67104
	90	2400	(307,608,301)	54739
	40	1600	(324,637,313)	78759
30	65	1800	(314,620,306)	66550
	90	2400	(306,606,300)	54230

5.5.2 通用零部件供应商主动协同模式

当通用零部件供应商采取主动协同模式后，令协同努力因子在一定范围内变化 $s=50,100,150$，分别对应通用零部件不同的相关成本，以观察协同努力成本和制造商利润的变化情况。

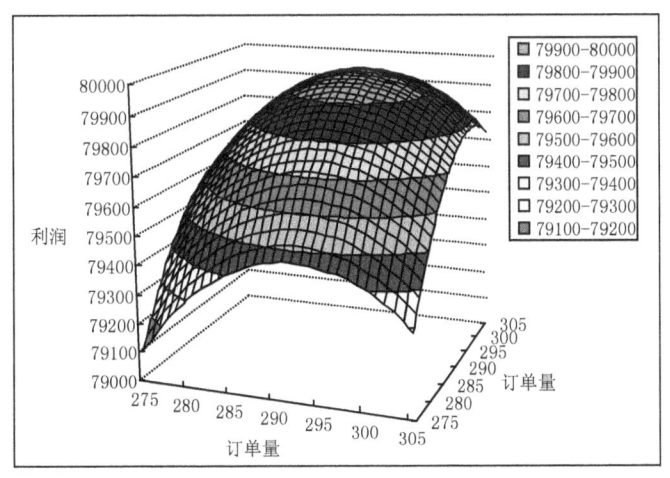

图5.6 通用零部件供应商主动协同模式仿真图（用时5分14秒）

图5.6中 x 轴表示零部件C的订单量 Q_C、y 轴表示零部件F的订单量 Q_F、通用零部件T的订单量 Q_T 是 Q_C 与 Q_F 之和、z 轴表示制造商的期望总利润。当通用零部件的相关成本较低时 $H_T=18$、$P_T=40$、$C_T=1600$ 以及协同努力因子较小时 $s=50$，让 x 轴和 y 轴

的变量从275到305以1为步长逐步增加，计算得出当存在最优的决策变量 $\breve{Q}=(297,589,292)$ 时，核心制造商的最大期望利润值为79970。其他数据的变化情况如表5.3所示。

表5.3 通用零部件供应商主动协同模式的最优值（用时3小时22分33秒）

H_T	P_T	C_T	协同努力因子 s	(Q_C^*, Q_T^*, Q_F^*)	协同努力成本	最大期望利润
18	40	1600	50	(297,589,292)	3714	79970
			100	(294,584,290)	7364	76276
			150	(290,577,287)	10914	72619
24	65	1800	50	(286,569,283)	3588	68331
			100	(283,564,281)	7112	64762
			150	(281,559,278)	10574	61223
30	90	2400	50	(276,551,275)	3474	56698
			100	(275,550,275)	6935	53228
			150	(272,495,271)	10272	49788

让 Q_C、Q_F 从240到305，Q_T 从480到610，均以1为步长逐步增加，表5.3的数据显示当 s 增加或通用零部件相关成本增加时，最优订单量随之降低、协同努力成本随之增加、最大期望利润随之降低。与表5.2的数值比较可以得出，只有当通用零部件的相关成本较高时，即 $H_T \geq 24$、$P_T \geq 65$、$C_T \geq 1800$，同时当协同努力因子较小时，如 $s=50$，通用零部件供应商主动协同才会优于分散决策。而当相关成本较低时，协同后的期望利润总是小于分散决策的，此时的主动协同是没有价值的。说明通用零部件的相关成本越大，协同成本越小，实施主动协同的积极性才会越高，协同的效果才会越好。这就验证了定理5.3。

5.5.3 考虑"末位惩罚"的分散决策

当通用零部件的相关成本适中时，即 $H_T=24$、$P_T=65$、$C_T=1800$，令 $f_C(x)=(x-1)^2/500+51$、$f_F(x)=(x-1)^2/500+81$、$f_T(x)=(x-1)^2/1500+66$；W 从2到24以2为步长逐渐增加。以观察制造商的期望利润以及各个供应商受到惩罚的损失变化情况。

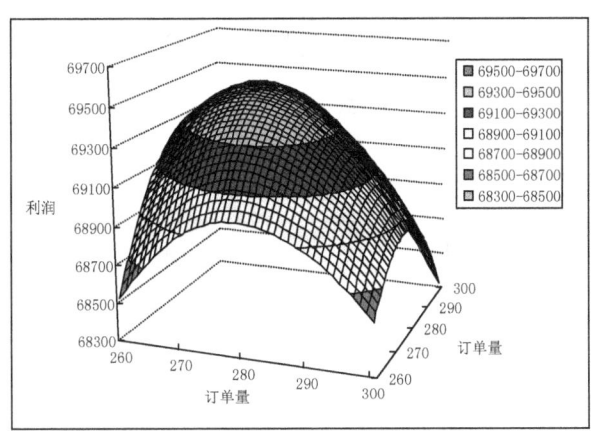

图5.7 "末位惩罚"下分散决策的制造商仿真图（用时10分9秒）

图5.7中 x 轴表示零部件C的订单量 Q_C、y 轴表示零部件F的订单量 Q_F、通用零部件T的订单量 Q_T 是 Q_C 与 Q_F 之和、z 轴表示制造商的期望总利润。当 $W=2$ 时，让 x 轴和 y 轴的变量从260到300以1为步长逐步增加,计算得出存在最优的决策变量 $\check{Q}=(283,557,274)$，核心制造商的最大期望利润值为69515。其他数据随 W 的变化情况如表5.4所示。从而验证了定理5.4。

表5.4 "末位惩罚"下分散决策的制造商最优决策（用时9小时46分21秒）

惩罚成本 W	(Q_C^*, Q_T^*, Q_F^*)	最大期望利润
2	(283,557,274)	69515
4	(259,509,250)	72095
6	(244,479,235)	74287
8	(233,459,226)	76078
10	(226,447,221)	77581
12	(221,439,218)	78657
14	(218,434,216)	79444
16	(216,430,214)	79852
18	(216,430,214)	80042
20	(215,429,214)	80099
22	(215,428,213)	80109
24	(215,428,213)	80104

让 Q_C、Q_F 从210到290，Q_T 从420到580，均以1为步长逐步增加，从表5.4得知，当 $W<22$ 时，在"末位惩罚"下分散决策的制造商的零部件最优订单量随着 W 的增加而下降、最大期望利润会随之上升；当 $W \geq 22$ 时，即"末位惩罚"成本相对较大（可视为无穷大），会迫使供应商进行最大程度的赶工，其实际供应量总是等于制造商的订单量，供应

不确定的情况就不存在了。说明增加"末位惩罚"力度会促使供应商加大赶工或外包的数量,通过更高的产品订单满足率和"末位惩罚"补偿以增加制造商的期望利润。

表5.5 分散决策下的各个供应商的赶工损失以及受到"末位惩罚"的情况

惩罚成本 W	C赶工损失	C惩罚	F赶工损失	F惩罚	T赶工损失	T惩罚	总赶工损失	总惩罚
2	40	30	40	38	74	106	155	174
4	112	36	111	44	203	153	425	234
6	169	35	166	41	327	163	662	240
8	213	29	209	34	423	157	845	220
10	246	22	243	25	511	136	1000	183
12	268	14	267	17	578	110	1113	141
14	283	7	284	9	638	77	1205	93
16	290	3	290	3	677	51	1257	57
18	295	1	295	1	718	29	1308	30
20	293	0	296	0	742	14	1331	14
22	293	0	292	0	755	6	1340	6
24	293	0	292	0	765	1	1350	1

表5.5中的数据显示了在分散决策下零部件C、F、T的供应商各自的赶工或外包的损失以及所受到的"末位惩罚"的情况。随着单位惩罚成本的增加,供应商的赶工或外包的积极性会随之增加以规避"末位惩罚",因此随着赶工或外包损失的增加,受到的惩罚表现为随之减少的趋势(当 $2 < W \leq 20$ 时);当 $W \geq 20$ 后,可视为"末位惩罚"力度无穷大,此时的专用零部件的实际供应量等于其订单量,因此惩罚降为0;同时通用零部件供应商受到的惩罚也趋向于0,但会慢于专用零部件供应商,这是由于通用零部件的SOF分配策略所导致的。

5.5.4 基于安全多方计算的全局协同模式

当实施了基于安全多方计算的全局协同后,图5.8中 x 轴表示零部件C的订单量 Q_C、y 轴表示零部件F的订单量 Q_F、通用零部件T的订单量 Q_T 是 Q_C 与 Q_F 之和、z 轴表示制造商的期望总利润。当 $W = 2$ 时,让 x 轴和 y 轴的变量从270到300以1为步长逐步增加,计算得出存在最优的决策变量 $\breve{Q}$ = (293,572,279),使得核心制造商的最大期望利润值为74295。使定理5.6得以验证。

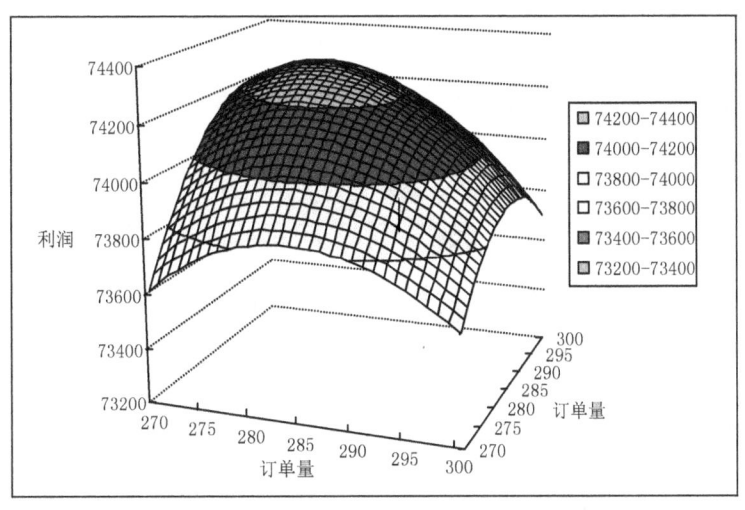

图5.8 基于安全多方计算的制造商仿真图（用时7分12秒）

让 W 以2为步长增加到24,让 Q_C、Q_F 从180到300,Q_T 从360到600,均以1为步长逐步增加,计算制造商的最优订单量和最大期望利润,如表5.6所示。对比表5.4中分散决策的数据结果可以看出,实现协同后制造商的最优订单量增加了。这是由于供应商之间的协同供应会降低供应商"盲目"地零部件赶工或外包的数量,使得供应商的最大供应数量不会超过客户需求量,而不是分散决策中的制造商订单量（往往被放大）。同时,制造商的最大期望利润也增加了。这得益于协同能够减少因为供应不确定所带来的多余零部件和不匹配（不齐套）零部件的持有成本。

表5.6 基于安全多方计算的制造商最优决策（用时12小时）

惩罚成本 W	(Q_C^*, Q_T^*, Q_F^*)	最大期望利润
2	(293,572,279)	74295
4	(276,534,258)	78630
6	(265,510,245)	81150
8	(258,493,235)	82919
10	(251,479,228)	84357
12	(245,465,220)	85465
14	(239,452,213)	86421
16	(234,442,208)	87119
18	(229,432,203)	87682
20	(224,423,199)	88153

22	(220,417,197)	88545
24	(216,410,194)	88896

而对于多个供应商来说，从表5.7的数据可以看出，相比于表5.5，实现协同后的各个供应商的赶工或外包损失都降低了，同时所受到的"末位惩罚"也明显降低甚至消除了。说明基于安全多方计算的全局协同能够让各个供应商以最小的赶工或外包损失换取最大程度地避免"末位惩罚"；而不是像分散决策中各个供应商"盲目"地最大化赶工或外包，却有可能换来更多的"末位惩罚"。并且"末位惩罚"成本W越大，各个供应商的赶工或外包的积极性越高、损失越大，但协同效果越明显，所受到的惩罚越小甚至可以消除。而通用零部件T所受惩罚降低的趋势会慢于专用零部件C和F，这是由于其通用（共享）性以及SOF分配策略所决定的。从而验证了定理5.5。

表5.7 基于安全多方计算的各个供应商的赶工损失以及受到"末位惩罚"的情况

惩罚成本W	C赶工损失	C惩罚	F赶工损失	F惩罚	T赶工损失	T惩罚	总赶工损失	总惩罚
2	4	5	7	6	10	10	21	21
4	9	9	17	8	25	16	51	33
6	15	11	30	8	43	21	88	40
8	20	14	47	8	65	23	132	45
10	27	14	67	7	93	20	187	41
12	35	13	97	5	131	19	263	37
14	46	12	134	3	181	17	361	32
16	57	11	169	3	234	16	460	30
18	72	12	210	2	298	13	581	27
20	90	11	250	1	370	12	710	23
22	108	10	276	0	430	10	814	20
24	129	9	314	0	507	8	950	17

当设定各个供应商的零部件生产成本分别为$Y_C=25$、$Y_D=40$、$Y_E=25$、$Y_F=40$、$Y_T=35$时，表5.8显示了协同前后全局供应链的期望利润的变化情况，协同都是有价值的$V>0$。当$W<10$时，随着惩罚成本的增加，协同的价值会逐渐升高，各个供应商

及制造商实施全局协同的积极性和主动性就越强；而当$W \geq 10$时，协同的价值逐渐降低，这是因为过高的惩罚成本提高了零部件供应的数量和匹配性，限制了协同的效果。从全局的角度来看，制造商对供应商实施的"末位惩罚"属于供应链内部成本，但其高低变化会影响整个供应链协同的价值；而全局协同的价值来源于各个供应商赶工或外包损失的减少以及制造商多余的、未匹配（未齐套）零部件的持有成本浪费的降低。

表5.8 协同前后全局供应链的期望最大利润

惩罚成本W	分散决策	全局协同	协同的价值
2	101365	107109	5744
4	101268	109495	8227
6	101682	110722	9040
8	102240	111515	9275
10	102921	112125	9204
12	103418	112368	8950
14	103791	112481	8690
16	103892	112499	8607
18	103975	112364	8389
20	103935	112188	8253
22	103862	112123	8261
24	103829	111926	8097

5.5.5 协同价值分析

以上仿真结果显示，在分散决策下，采用通用零部件策略能够让核心制造商以更低的最优订单量获得更高的期望利润；但是该策略会受到通用零部件相关成本的制约，当相关成本较高时，通用零部件策略没有价值。又由于通用零部件供应商在多个零部件供应中的关键地位，可以在制造商主导下（共享多个专用零部件的实时供应信息），让通用零部件供应商主动与专用零部件供应商进行协同供应。从而使得制造商以更低的最优订单量获得更高的期望利润。虽然通用零部件供货商主动协同模式是有价值的，但其价值与协同因子的大小以及通用零部件的相关成本的大小是高度相关的。只有当协同成本较低，且相关成本较高时，制造商才会有较高的主导供应商实施供应协同的积极性，协同的价值和效果才会更明显。

而当基于安全多方计算，核心制造商也充分共享自己的私有信息（客户订单量）与各个供应商进行全局的协同后，不仅能够使制造商自己减少库存浪费、增加期望利润，而且可以让各个零部件供应商降低"盲目"赶工或外包损失的同时，还降低了所受到的"末位惩罚"。从整个供应链的全局角度来看，协同后的利润也是优于分散决策的。但协同的效果是与通用零部件的分配策略、相关成本、制造商的"末位惩罚"成本密切相关的，特别是当"末位惩罚"成本较大（可视为趋于无穷大）时，协同的价值是受到局限的。当然更重要的是，基于安全多方计算协议可以让供应链中的各个成员不用担心泄漏私有信息，又能够达到协同决策的效果，从而让各个成员更积极、更主动地参与协同的实施中来。

5.6 本章小结

为了降低零部件库存成本、同时向客户提供多样化的产品，本章采用了通用零部件策略。首先比较了通用零部件供应商主动地协同模式与分散决策下的专用/通用零部件策略，当其协同效果有限时，考虑了"末位惩罚"机制。再提出了基于"安全多方计算"协议的供应链全局协同模式，并比较分析了协同前后的各个成员利润的差异及其协同价值。最后通过数学推导求证以及Monte Carlo模拟仿真实验，得到以下结论：

（1）在分散决策下，制造商采用通用零部件策略能够有效地降低库存成本、提高期望利润。但其效果受限于通用零部件的相关成本（价格、单位持有成本、固定订单成本等），当其相关成本较高时，通用零部件策略没有价值。

（2）当通用零部件供应商采取主动协同的模式时，只有在通用零部件的相关成本较大、协同努力因子较小时，才能够提高制造商的期望总利润，其主动协同模式才有价值；反之则不然。

（3）在考虑了"末位惩罚"的因素下，基于"安全多方计算"协议的全局协同模式能够减少各个供应商的赶工或外包的额外损失、减轻"末位惩罚"，同时可以降低制造商的库存成本、提高其期望利润，该协同模式是优于分散决策的。虽然其协同效果及价值会受到通用零部件相关成本以及"末位惩罚"成本的局限，但是基于"安全多方计算"协议的全局协同模式可以让供应链中的各个成员无需担心泄露私有敏感信息，从实践上更有利于全局协同的参与和实施。

6 全文总结与研究展望

6.1 全文总结

激烈地市场竞争要求企业能够及时地向客户提供高质量、多样化的、低价格的、个性化的产品。而企业上游众多供应商不确定地供应零部件，同时下游客户不确定的需求订单，不仅增加了产品生产和企业运营管理的复杂性，而且提高了企业的库存管理成本、降低了产品利润、甚至无法向客户按时按量地交付最终产品，在受到客户（短期内）抱怨和缺货惩罚的同时还会遭遇（长期）商誉的损失和市场份额的丧失。传统的按订单装配（ATO）通过先接受来自下游客户的订单再组织零部件生产装配的运作方式，在一定程度上消除了企业的成品库存成本，却对众多零部件的库存管理产生了更大的压力。而当供应链中的核心制造商采取JIT的供应策略以试图降低甚至消除零部件的库存管理成本时，这就对供应链上游的众多零部件供应商的协调性、及时性、匹配（齐套）性等供应机制提出了更高的要求。当上游的多个供应商表现出产能限制、随机产出、供应短缺甚至中断等不确定性时，哪怕少数几种或一种零部件的供应出现异常都可能导致下游制造商整个生产的中断或停顿，更严重的情况会出现供应链关系的破裂。虽然以往的供应链协调研究也试图纵向地（vertically）采用供应商-制造商-客户之间的关系协调或博弈来优化上述问题，但本论文的特点是从供应链上游多个供应商之间横向地（horizontally）视角来提出零部件供应的多种协同模式，从而减少库存浪费、提高客户订单的满足率、增加企业利润。

因此，本文首先在绪论中介绍了不确定环境中基于ATO的零部件协同供应模式研究的选题背景与课题来源，并重点分析了本研究的价值和重要意义，按照拟定的研究方法和技术路线，从以下几方面实现了研究的创新：

（1）从单周期和多周期两种情况，提出了供应商之间最小量协同、最大量协同和最优量协同等多种零部件供应的协同模式。

（2）提出了第三方物流（集配中心）的运作机制来主导随机产出的供应商与固定产出的供应商之间的横向协同模式；并考虑了核心制造商对不确定性的几种规避态度对协同模式的影响。

（3）提出了通用零部件供应商与专用零部件供应商之间的横向协同模式；并考虑了在"末位惩罚"机制下提出了基于"安全多方计算"协议的通用零部件供应商、专用零部件供应商以及核心制造商之间的全局协同模式。

然后，在本文的第2章中，对供应与需求的不确定问题、随机产出和供应短缺/中断问题、供应链风险管理问题、按订单装配（ATO）的问题、通用零部件策略问题、传统供应链协调问题、Supply-Hub运作机制、信息共享及新兴IT技术等问题，现有的研究文献进行了综述，从而奠定了本文的研究理论基础和研究内容框架。

随后，在分析了供应与需求双重不确定性给核心制造商所带来的库存损失后，提出了本文中的最基本的三种供应协同模式。其中最小量协同模式能够实现多个上游供应商对制造商的齐套、匹配零部件的供应，减少了制造商的库存浪费和损失，同时所花费的成本代价较小。虽然最大量协同模式的效果比最小量协同模式更好、价值更高，但是却需要瓶颈供应商付出额外的成本代价，当其没有得到事后补偿时，该模式很难长期维持。而最优量协同模式能够从供应链各个成员的全局利益出发，既能够降低制造商的库存损失成本，又能适当减轻瓶颈供应商的额外成本负担，鼓励了供应商参与供应协同的主动性和积极性，但其价值和效果受到相关成本参数大小的影响。当在多周期的情况下，比单周期需要多考虑一些例如本期剩余零部件留到下期使用、上期未满足订单优先装配、采用何种多周期库存策略等问题。结果表明多周期下的最小量协同模式同样能够减少制造商的库存浪费、实现零部件的齐套、匹配供应。而多周期下的最优量协同模式在增加客户订单满足率、降低库存成本的同时，更重要的是能够促进多个供应商实现供应链长期、稳定的供应协同。

再次，在第3章的基本协同模式的基础上，本文在多个零部件供应商与核心制造商之间引入并设置了第三方物流（集配中心或Supply-Hub），由其主导实现零部件协同直送工位。研究结果表明：固定产出的供应商自发地与随机产出的供应商进行协同供应的模式并不能优化库存成本，反而放大了不确定性所造成的损失。而在第三方物流（集配中心）主导下的协同模式能够在一定程度上降低全局供应链的库存损失，但协同的价值和效果受到客户单位惩罚成本大小的限制。紧接着分析了核心供应商对待不确定性所表现出的几种不同态度偏好，其中下行损失规避（协同前）会导致全局供应链的更大库存损失，协同后就可以降低在同一目标损失下的最大下行损失值，以缓和核心制造商的下行损失规避态度；在持有规避型的态度偏好下，制造商的规避态度越强烈，实现库存节约的效果越好、协同越有价值；而在缺货规避型的态度偏好下，实现供应协同没有任何价值，反而会恶化库存损失。在上述协同效果都有限的情况下，如果核心制造商向第三方物流（集配中心）完全信息共享，就能够明显地提高零部件的匹配性、齐套性，降低库存浪费，该协同模式的效果优于前两种模式。

最后，企业为了以更低的价格获得多样性产品以保持其竞争优势，本文考虑了采用通用零部件的策略。研究结果表明：在分散决策下，采用通用零部件策略能够缓解不确定性的影响、提高制造商的利润，但其效果受到通用零部件的相关成本（价格、持有成本、固定订单成本等）大小的限制。当实施通用零部件供应商主动协同的模式后，制造商的利润有了明显的提高，但协同的价值和效果与协同努力因子及通用零部件的相关成本大小密切相关。为了进一步缓解或消除不确定性的影响、激励供应商按时按量供应零部件的积极性，核心制造商考虑了"末位惩罚"的机制。在分散决策下，"末位惩罚"仅对制造商有利，除了能够提高客户订单的满足率外，还可以从惩罚中获利；对于供应商，不仅提高了其赶工或外包的成本损失，而且即便如此，也不一定能够避免或减轻所受到的"末位惩罚"。继而提出了基于"安全多方计算"协议的全局协同模式，不仅能够提高制造商的利润、减少库存浪费，而且在尽可能减少赶工或外包成本损失的同时还降低了供应商所受到的"末位惩罚"。更重要的是，该协同模式能够消除供应链上各个成员担心私有信息泄密的顾虑，在通过信息共享进行集中决策的同时能够让私有信息得到保密。最终让整个供应链实现帕累托改善。

6.2 研究展望

虽然本论文在零部件协同供应方面的研究取得了一定的成果，但由于客观研究条件及作者研究经验有限，使得本文在供应商数量上仅限于2-4个、协同的手段仅限于信息共享、赶工或外包及惩罚、在时间上以单周期研究为主、研究方法仅为数学求证和模拟仿真。因此，如下几点问题将是进一步需要研究的方向：

（1）上游供应商的数量扩展至N个，其中应该包含同种零部件的多个供应商，并分析该模式下的最优解。

（2）在仅仅是核心制造商获利的协同模式中，需要考虑如何把其额外收益与供应商（特别是为协同付出代价的供应商）进行分享，以维系协同的长期性和稳定性。

（3）增加考虑第三方物流（集配中心）实施供应协同的运作成本，这直接关系到供应链上各个成员参与协同的积极性以及协同本身的效果和价值。

（4）需要比较分析通用零部件的不同分配规则对协同价值的影响，如类似基于零部件角度的"先到先使用"规则、基于产品角度的"先齐套先使用"规则、基于订单利润角度的"订单利润大优先"规则等等。

（5）文中得出的理论结果需要用实证的研究方法在实践中去验证。特别是当供应商或制造商是"有限理性"时，他们不追求"效用最大化"而是"让自己满意"，那么协同后的最优订单量、最优供应量、最低库存损失或最大期望利润等值是否会与理论值产生偏差？

上述问题都需要把定量分析与定性分析相结合，在理论研究的基础上再进行实证方面（如案例研究、问卷调查、行为实验等）的研究，最后希望在这些问题上进一步获得既有理论意义、又有实用价值的研究成果。

参考文献

[1] A C Yao. Protocols for Secure Computation[R].Working paper 1982.

[2] A. Ravi Ravindran,R. Ufuk Bilsel,Vijay Wadhwa,Tao Yang. Risk adjusted multicriteria supplier selection models with applications[J]. International Journal of Production Research,2010,48(2): 405–424

[3] Aditya P.Rastogi, John W.Fowler, W.Matthew Carlyle,Ozgur M.Araz,Arnold Maltz,Burak Buke.Supply network capacity planning for semiconductor manufacturing with uncertain demand and correlation in demand considerations[J]. International Journal of Production Economics,2011,134(1):322–332

[4] Amit Eynan, Meir J.Rosenblatt. The Impact of Component Commonality on Composite Assembly Policies[J]. Naval Research Logistics, 2007,54(1):615-622

[5] Arnaldo Camuffo,Andrea Furlan,Enrico Rettore.Risk Sharing in Supplier Relations: An Agency Model for the Italian Air-Conditioning Industry[J]. Strategic Management Journal,2007,28(1): 1257–1266

[6] Asa Hagberg-Andersson, Kjell Gronhaug. Adaptations in a supplier-manufacturer network: a research note[J].European Journal of Marketing,2010,44(1/2):34-41

[7] Awi Federgruen, Nan Yang. Selecting a Portfolio of Suppliers Under Demand and Supply Risks[J]. Operations Research,2008,56(4):916–936

[8] Ayse Elif Sengun,S. Nazli Wasti. Trust, Control, and Risk A Test of Das and Teng's Conceptual Framework for Pharmaceutical Buyer-Supplier Relationships[J].Group & Organization Management,2007,32(4):430-464

[9] Baruch Keren.The single-period inventory problem:Extension to random yield from the perspective of the supply chain[J].Omega,2009,37(1):801-810

[10] Benjamin L. Schwartz. A New Approach To Stockout Penalties[J].Management Science,1966,12(12):538-544

[11] Bowon Kim, Heungshik Oh. The impact of decision-making sharing between supplier and manufacturer on their collaboration performance[J].Supply Chain Management: An International Journal,2005,10(3):223–236

[12] C.A. Yano, H.L. Lee. Lot sizing with random yields: A review[J].Operations Research,1995,43 (2):311–334.

[13] Charles V. Trappey,Gilbert Y.P. Lin,Amy J.C. Trappey,C.S. Liu,W.T. Lee.Deriving industrial logistics hub reference models for manufacturing based economies[J].Expert Systems with Applications,2011,38(1):1223-1232

[14] Ching-Hua Chen-Ritzo, Tom Ervolina, Terry P. Harrison, Barun Gupta. Component rationing for available-to-promise scheduling in configure-to-order systems[J]. European Journal of Operational Research, 2011, 211(1):57-65

[15] Chung-Lun Li, Wen-Qiang Xiao. Lot Streaming with Supplier–Manufacturer Coordination[J].Naval Research Logistics,2004,51(1):522-542

[16] Daniel Kahneman, Amos Tversky. Prospect Theory: An Analysis of Decision under Risk [J].Econometrica,1979,47(2):263-292

[17] Danqin Yang, Tsan-Ming Choi, Tiaojun Xiao, T.C.E.Cheng. Coordinating a two-supplier and one-retailer supply chain with forecast update[J]. Automatica, 2011,47(1): 1317-1329

[18] David A. Collier.Aggregate Safety Stock Levels and Component Part Commonality[J]. Management Science,1982,28(11):1296-1303

[19] Desheng Dash Wu, Yidong Zhang, Dexiang Wu, David L. Olson. Fuzzy multi-objective programming for supplier selection and risk modeling: A possibility approach[J].European Journal of Operational Research, 2010,200(1):774–787

[20] Diwakar Gupta, Waressara Weerawat. Supplier-manufacturer coordination in capacitated two-stage supply chains[J]. European Journal of Operational Research,2006,175(1):67–89

[21] E.Mohebbi, F.Choobineh. The impact of component commonality in an assemble-to-order environment under supply and demand uncertainty[J]. Omega,2005,33(1):472–482.

[22] Earl Barnes, Jim Dai, Shijie Deng et al. On The Strategy Of Supply Hubs For Cost Reduction And Responsiveness[R]. working paper,2000

[23] Elena Katok, Douglas Thomas, Andrew Davis. Inventory Service-Level Agreements as Coordination Mechanisms: The Effect of Review Periods[J]. Manufacturing & Service Operations Management,2008,10(4):609-624

[24] Elizabeth J. Durango-Cohen,Candace A. Yano.Optimizing Customer Forecasts for Forecast-Commitment Contracts[J].Production and Operations Management, 2011,20(5):681-698

[25] Erica L. Plambeck, Amy R.Ward. Note: A Separation Principle for a Class of Assemble-to-Order Systems with Expediting[J]. Operations Research, 2007, 55(3): 603-609

[26] Erica L. Plambeck. Asymptotically Optimal Control for an Assemble-to-Order System with Capacitated Component Production and Fixed Transport Costs[J]. Operations Research,2008,56(5):1158-1171

[27] Felix T.S. Chan, Niraj Kumar. Global supplier development considering risk factors using fuzzy extended AHP-based approach[J]. Omega, 2007, 35(1): 417–431

[28] Feng Cheng, Markus Ettl, Yingdong Lu, David D. Yao. A Production–Inventory Model for a Push–Pull Manufacturing System with Capacity and Service Level Constraints[J]. Production and Operations Management, 2012, 21(4):668-681

[29] Fernando Bernstein, A. Gurhan Kok, Lei Xie. The Role of Component Commonality in Product Assortment Decisions[J]. Manufacturing & Service Operations Management, 2011, 13(2):261-270

[30] Fernando Bernstein, Gregory A. DeCroix, Yulan Wang. The Impact of Demand Aggregation Through Delayed Component Allocation in an Assemble-to-Order System[J]. Management Science, 2011, 57(6):1154-1171

[31] Frank W. Ciarallo, Ramakrishna Akella, Thomas E. Morton. A Periodic Review, Production Planning Model with Uncertain Capacity and Uncertain Demand-Optimality of Extended Myopic Policies[J]. Management Science, 1994, 40(3):320-332

[32] George Liberopoulos, IsidorosTsikis, StefanosDelikouras. Backorder penalty cost coefficient "b": What could it be? [J]. International Journal of Production Economics, 2010, 123(1):166–178

[33] Gerchak, Y., Wang, Y. and Yano. Lot Sizing In Assembly Systems with Random Component Yields[J]. IIE Transactions, 1994, 26(2):19-24

[34] Gregory A. DeCroix, Jing-Sheng Song, Paul H. Zipkin. Managing an Assemble-to-Order System with Returns[J]. Manufacturing & Service Operations Management, 2009, 11(1):144-159

[35] Guido J.L. Micheli, Enrico Cagno, Augusto DiGiulio. Reducing the total cost of supply through risk-efficiency-based supplier selection in the EPC industry[J]. Journal of Purchasing & Supply Management, 2009, 15(1):166–177

[36] Hal R. Arkes. The Psychology of Waste [J]. Journal of Behavioral Decision Making, 1996, 9:213-224

[37] Hans Sebastian Heese, Jayashankar M. Swaminathan. Product Line Design with Component Commonality and Cost-Reduction Effort[J]. Manufacturing & Service Operations Management, 2006, 8(2):206–219

[38] Haresh Gurnani, Ram Akella, John Lehoczky, Supply management in assembly systems with random yield and random demand[J], IIE Transactions, 2000, 32(8): 701-714

[39] Haresh Gurnani, Christopher S. Tang. Note: Optimal Ordering Decisions with Uncertain Cost and Demand Forecast Updating[J]. Management Science, 1999, 45(10):1456-1462

[40] Hau L. Lee, Candace Arai Yano. Production Control In Multistage Systems With Variable Yield Losses[J]. Operations Research,1988,36(2):269-278

[41] Hau L. Lee, Kut C. So, Christopher S. Tang. The Value of Information Sharing in a Two-Level Supply Chain[J]. Management Science,2000,46(5):626–643

[42] Hau L. Lee,V. Padmanabhan, Seungjin Whang. Information Distortion in a Supply Chain: The Bullwhip Effect[J]. Management Science, 2004, 50(12): 1875-1886

[43] Hau L.Lee, V.Padmanabhan, Seungjin Whang. The Bullwhip Effect in Supply Chains[J]. Sloan Management Review,1997,38(3):93-102

[44] Hing K. Chan, Felix T.S. Chan. A review of coordination studies in the context of supply chain dynamics[J]. International Journal of Production Research, 2010, 48(10):2793–2819

[45] Hiroyuki Okamuro. Risk sharing in the supplier relationship: new evidence from the Japanese automotive industry[J]. Journal of Economic Behavior & Organization,2001,45(1):361–381

[46] J. Hallikas,V. -M. Virolainen, M. Tuominen. Understanding risk and uncertainty in supplier networks--a transaction cost approach[J]. International Journal of Production Research,2002,40(15): 3519-3531

[47] Janat Shah, Mark Gohb .Setting operating policies for supply hubs[J]. International Journal of Production Economics,2006,100(1):239–252

[48] Jennifer V. Blackhurst, Kevin P. Scheibe,Danny J. Johnson. Supplier risk assessment and monitoring for the automotive industry[J]. International Journal of Physical Distribution & Logistics Management,2008,38(2):143-165

[49] Jiejian Feng, Liming Liu, Yat-wah Wan.Irreducibility of Joint Inventory Positions in an Assemble-to-Order System Under (r, nQ) Policies[J],Naval Research Logistics, 2012,59(1):18-25

[50] Jing Hou,Lindu Zhao.Backup agreements with penalty scheme under supply disruptions[J].International Journal of Systems Science,2012,43(5):987–996

[51] Jing-Sheng Song, Yao Zhao. The Value of Component Commonality in a Dynamic Inventory System with Lead Times[J]. Manufacturing & Service Operations Management,2009,11(3):493–508

[52] Jing-Sheng Song. A Note on Assemble-to-Order Systems with Batch Ordering[J]. Management Science,2000,46(5):739-743

[53] Jiri Chod,David Pyke,Nils Rudi.The Value of Flexibility in Make-to-Order Systems:The Effect of Demand Correlation[J].Operations Research, 2010, 58(4): 834-848

[54] John W. Henke Jr, Ravi Parameswaran, R. Mohan Pisharodi. Manufacturer price reduction pressure and supplier relations[J]. Journal of Business & Industrial Marketing,2008,23(5):287–300

[55] Jukka Hallikas, Iris Karvonen, Urho Pulkkinen, Veli-Matti Virolainen, Markku Tuominen. Risk management processes in supplier networks[J]. International Journal of Production Economics,2004,90 (1):47–58

[56] Kanit Prasetwattana, Yoshiaki Shimizu,Navee Chiadamrong. Evolutional Optimization On Material Ordering And Inventory Control Of Supply Chain Through Incentive Scheme[J]. Journal of Advanced Mechanical Design, Systems, and Manufacturing,2007,1(4):562-573

[57] Kazuhiro Izui, Shinji Nishiwaki, Masataka Yoshimura et al. Switchgear component commonality design based on trade-off analysis among inventory level, delivery lead-time and product performance[J]. International Journal of Production Research,2010,48(10):2821–2840

[58] Ke Fu,Vernon N. Hsu,Chung-Yee Lee. Note Optimal Component Acquisition for a Single-Product, Single-Demand Assemble-to-Order Problem with Expediting[J]. Manufacturing & Service Operations Management,2009,11(2):229-236

[59] Ke Fu,Vernon N. Hsu,Chung-Yee Lee.Approximation methods for the analysis of a multicomponent, multiproduct assemble-to-order system[J].Naval Research Logistics,2011,58(1):685-704

[60] Keith Goffin, Fred Lemke, Marek Szwejczewski. An exploratory study of "close" supplier–manufacturer relationships[J]. Journal of Operations Management, 2006, 24(1):189–209

[61] Kenneth R. Baker, Michael J. Magazine, Henry L. W. Nuttle. The effect of commonality on safety stocks in a simple inventory model[J]. Management Science,1986,32(8):982-988

[62] Kirstin Zimmer. Supply chain coordination with uncertain just-in-time delivery[J]. International Journal of Production Economics,2002,77(1):1–15

[63] Kwan E. Wee, Maqbool Dada. A make-to-stock manufacturing system with component commonality: A queuing approach[J]. IIE Transactions, 2010, 42(1): 435–453

[64] Laetitia Dablanc,Catherine Ross.Atlanta: a mega logistics center in the Piedmont Atlantic Megaregion (PAM)[J].Journal of Transport Geography, 2012, 24(1): 432-442

[65] M. A. Wazed,S. Ahmed,Y. Nukman.Component and process commonalities in production system under various uncertain factors[J].Africa Journal of Business Management,2010,4(17):3697-3707

[66] M. P. M. Hendriks,D. Armbruster,M. Laumanns,E. Lefeber,J. T. Udding.Design of Robust Distribution Networks Run by Third Party Logistics Service Providers[J].Advances in Complex Systems,2012,15(5):1-23

[67] ManMohan S.Sodhi, Christopher S.Tang. Modeling supply-chain planning under demand uncertainty using stochastic programming: A survey motivated by asset–liability management[J]. International Journal of Production Economics, 2009,121(1):728–738

[68] Marcel A. Sieke,Ralf W. Seifert,Ulrich W. Thonemann.Designing Service Level Contracts for Supply Chain Coordination[J].Production and Operations Management,2012,21(4):698-714

[69] Marek Szwejczewski, Fred Lemke, Keith Goffin. Manufacturer-supplier relationships An empirical study of German manufacturing companies[J]. International Journal of Operations &Production Management, 2005, 25(9): 875-897

[70] Mark R. Frascatore, Farzad Mahmoodi. Long-term and penalty contracts in a two-stage supply chain with stochastic demand[J]. European Journal of Operational Research,2008,184(1):147–156

[71] Mark S. Hillier. Component commonality in multiple-period, assemble-to-order systerms[J]. IIE Transactions,2000,32(8):755-766

[72] Mark S. Hillier. The costs and benefits of commonality in assemble-to-order systems with a (Q,r)-policy for component replenishment[J]. European Journal of Operational Research,2002,141(1): 570–586

[73] Marshall Fisher, Kamalini Ramdas, Karl Ulrich. Component Sharing in the Management of Product Variety: A Study of Automotive Braking Systems[J]. Management Science,1999,45(3):297-315

[74] Maurice E.Schweitzer, Gerard P. Cachon. Decision Bias in the Newsvendor Problem with a Known Demand Distribution: Experimental Evidence [J]. Management Science,2000,46(3):404-420

[75] Michael E.Porter, Victor E.Millar. How Information Gives You Competitive Advantage[J]. Harvard Business Review,1985

[76] Mika Ojala, Jukka Hallikas. Investment decision-making in supplier networks: Management of risk[J]. International Journal of Production Economics, 2006, 104(1):201–213

[77] Mikhail J. Atallah,Hicham G. Elmongui,Vinayak Deshpande,Leroy B. Schwarz.Secure Supply-Chain Protocols[A].Proceedings of the IEEE International Conference on E-Commerce,2003.

[78] Ming Dong, F. Frank Chen. The impacts of component commonality on integrated supply chain network performance: a state and resource-based simulation study[J]. International Journal of Advanced Manufacturing Technology,2005,27(1):397–406

[79] Mladen A. Vouk. Cloud Computing-Issues, Research and Implementations[J]. Journal of Computing and Information Technology,2008,16(4):235–246

[80] MLF Cheong, R Bhatnagar, SC Graves, Logistics Network Design with Supplier Consolidation Hubs and Multiple Shipment Options[J].Journal of Industrial and Management Optimization, 2007,3(1): 51-69

[81] Mohamed-Aly Louly, Alexandre Dolgui, Faicel Hnaien. Supply planning for single-level assembly system with stochastic component delivery times and service-level constraint[J]. International Journal of Production Economics, 2008, 115(1):236-247

[82] Mohsen S.Sajadieh, Mohammad R.Akbari Jokar, Mohammad Modarres. Developing a coordinated vendor–buyer model in two-stage supply chains with stochastic lead-times[J]. Computers & Operations Research, 2009, 36(1):2484-2489

[83] Mordechahi Henig,Yigal Gerchak.The Structure of Periodic Review Policies in the Presence of Random Yield[J].Operations Research,1990,38(4):634-643

[84] Mustafa K. Dogru,Martin I. Reiman, Qiong Wang.A Stochastic Programming Based Inventory Policy for Assemble-to-Order Systems with Application to the W Model[J].Operations Research,2010,58(4):849-864

[85] Narendra Agrawal, Morris A. Cohen. Optimal Material Control in an Assembly System with Component Commonality[J]. Naval Research Logistics, 2001, 48(1):409-429

[86] Navee Chiadamrong, Kanit Prasertwattana. A comparative study of supply chain models under the traditional centralized and coordinating policies with incentive schemes[J]. Computers & Industrial Engineering,2006,50(1):367–384

[87] Navneet Vidyarthi, Samir Elhedhli,Elizabeth Jewkes. Response time reduction in make-to-order and assemble-to-order supply chain design[J]. IIE Transactions, 2009,41(1):448–466

[88] Nicola Costantino, Roberta Pellegrino. Choosing between single and multiple sourcing based on supplier default risk: A real options approach[J]. Journal of Purchasing & Supply Management, 2010,16(1):27–40

[89] Pankaj Raj Sinha,Larry E.Whiteman,Don Malzahn. Methodology to mitigate supplier risk in an aerospace supply chain[J]. Supply Chain Management:An International Journal,2004,9(2):154-168

[90] Panos Kouvelis,Jian Li.Contingency Strategies in Managing Supply Systems with Uncertain Lead-Times[J].Production and Operations Management, 2012, 21(1): 161-176

[91] Panos Kouvelis, Sammi Y. Tang. On Optimal Expediting Policy for Supply Systems with Uncertain Lead-Times[J]. Production and Operations Management, 2012,21(2):309-330

[92] Paul T. Jaeger, Jimmy Lin, Justin M. Grimes. Cloud Computing and Information Policy: Computing in a Policy Cloud?[J]. Journal of Information Technology & Politics,2008,5(3):1-35

[93] Prakash Mirchandani, Ajay K. Mishra. Component Commonality: Models With Product-Specific Service Constraints[J]. Production And Operations Management, 2002,11(2):199-215

[94] Preyas Desai, Sunder Kekre, Suresh Radhakrishnan, Kannan Srinivasan. Product Differentiation and Commonality in Design Balancing Revenue and Cost Drivers[J]. Management Science,2001,47(1):37–51

[95] Qing Li, Shaohui Zheng. Joint Inventory Replenishment and Pricing Control for Systems with Uncertain Yield and Demand[J]. Operations Research, 2006, 54(4):696-705

[96] Raf Jans, Zeger Degraeve, Luc Schepens. Analysis of an industrial component commonality problem. European[J]. Journal of Operational Research,2008,186 (1): 801-811.

[97] Ramesh Bollapragada, Uday S. Rao, Jun Zhang. Managing Inventory and Supply Performance in Assembly Systems with Random Supply Capacity and Demand[J]. Management Science,2004,50(12):1729-1743

[98] Rangarajan K. Sundaram. A First Course in Optimization Theory[M]. Cambridge University Press,2008,4:90

[99] Ravi Anupindi, Ram Akella. Diversification under Supply Uncertainty[J]. Management Science,1993,39(8):944-963

[100] Richard Pibernik, Yingying Zhang, Florian Kerschbaum, Axel Schropfer. Secure collaborative supply chain planning and inverse optimization-The JELS model[J]. European Journal of Operational Research, 2011,208:75–85.

[101] Robert Swinney. Selling to Strategic Consumers When Product Value Is Uncertain: The Value of Matching Supply and Demand[J]. Management Science, 2011, 57(10):1737-1751

[102] S. Subashini, V. Kavitha. A survey on security issues in service delivery models of cloud computing[J]. Journal of Network and Computer Applications, 2011, 34(1):1-11

[103] Sabine Matook, Rainer Lasch, Rick Tamaschke. Supplier development with benchmarking as part of a comprehensive supplier risk management framework[J]. International Journal of Operations &Production Management, 2009, 29(3): 241-267

[104] Saibal Ray, Shanling Li, Yuyue Song. Tailored Supply Chain Decision Making under Price-Sensitive Stochastic Demand and Delivery Uncertainty[J]. Management Science,2005,51(12):1873-1891

[105] Saif Benjaafar, Mohsen ElHafsi. Production and Inventory Control of a Single Product Assemble-to-Order System with Multiple Customer Classes[J]. Management Science, 2006,52(12):1896-1912

[106] SatyaveerS.Chauhan, Alexandre Dolgui, Jean-Marie Proth. A continuous model for supply planning of assembly systems with stochastic component procurement times[J]. International Journal of Production Economics,2009,120(1):411–417

[107] Sean Marston, Zhi Li, Subhajyoti Bandyopadhyay, Juheng Zhang, Anand Ghalsasi. Cloud computing — The business perspective[J]. Decision Support Systems,2011,51(1):176–189

[108] Sergio G. Lazzarini, Danny P. Claro, Luiz F. Mesquita. Buyer–Supplier and Supplier–Supplier Alliances: Do They Reinforce or Undermine One Another?[J]. Journal of Management Studies,2008,45(3):561-584

[109] Srinagesh Gavirneni, Roman Kapuscinski ,Sridhar Tayur. Value of Information in Capacitated Supply Chains[J]. Management Science,1999,45(1):16-24

[110] Srinivas Talluri, Ram Narasimhan, Wenming Chung. Manufacturer cooperation in supplier development under risk[J]. European Journal of Operational Research, 2010,207(1):165–173

[111] Subhas Chandra Misra, Arka Mondal. Identification of a company's suitability for the adoption of cloud computing and modelling its corresponding Return on Investment[J]. Mathematical and Computer Modelling,2011,53(1):504–521

[112] Sung-Seok Ko,Jin Young Choi,Dong-Won Seo.Approximations of lead-time distributions in an assemble-to-order system under a base-stock policy[J]. Computers&Operations Research,2011,38(1):582-590

[113] Susan H. Xu, Zhaolin Li. Managing a Single-Product Assemble-to-Order System with Technology Innovations[J]. Management Science,2007,53(9):1467-1485

[114] Thomas E. Morton. The Nonstationary Infinite Horizon Inventory Problem[J]. Management Science,1978,24(14):1474-1482

[115] Thomas Kull, David Closs. The risk of second-tier supplier failures in serial supply chains: Implications for order policies and distributor autonomy[J]. European Journal of Operational Research, 2008,186(1):1158–1174

[116] Ulrich W. Thonemann, Margaret L. Brandeau. Optimal Commonality In Component Design[J]. Operations Research,2000,48(1):001–019

[117] Vincent Giard, Gisele Mendy. Scheduling coordination in a supply chain using advance demand information[J]. Production Planning & Control, 2008, 19(7): 655–667

[118] Volodymyr Babich, Apostolos N. Burnetas, Peter H. Ritchken. Competition and Diversification Effects in Supply Chains with Supplier Default Risk[J]. Manufacturing & Service Operations Management,2007,9(2):123–146

[119] Wai-Ki Ching,Sin-Man Choi,Ximin Huang.Inducing high service capacities in outsourcing via penalty and competition[J].International Journal of Production Research,2011,49(17):5169-5182

[120] Xiang Li, Yongjian Li,Xiaoqiang Cai.A note on the random yield from the perspective of the supply chain[J].Omega,2012,40(1):601–610

[121] Xianghua Gan, Suresh P. Sethi, Houmin Yan. Channel Coordination with a Risk-Neutral Supplier and a Downside-Risk-Averse Retailer[J]. Production And Operations Management,2005,14(1):80–89

[122] Xianghua Gan, Suresh P. Sethi, Jing Zhou.Commitment-penalty contracts in drop-shipping supply chains with asymmetric demand information[J].European Journal of Operational Research,2010,204(1):449-462

[123] Xiao-Feng Shao, Jian-Hua Ji. Effects of sourcing structure on performance in a multiple-product assemble-to-order supply chain[J]. European Journal of Operational Research,2009,192(1):981-1000

[124] Xiao-Feng Shao.Demand-side reactive strategies for supply disruptions in a multiple-product system[J].Internatianal Journal of Production Economics, 2012, 136(1):241–252

[125] Xiaoming Yan,Yalan Ji,Yong Wan.Supplier diversification under random yield[J]. International Journal of Production Economics,2012,139(1):302-311

[126] Yigal Gerchak, Michael J. Magazine, A. Bruce Gamble. Component Commonality with Service Level Requirements[J]. Management Science, 1988, 34(6):753-760

[127] YingDong Lu, Jing-Sheng Song, David D. Yao. Order Fill Rate, Leadtime Variability, And Advance Demand Information In An Assemble-To-Order System[J]. Operations Research,2003,51(2):292-308

[128] Yingdong Lu, Jing-Sheng Song, Yao Zhao. No-Holdback Allocation Rules for Continuous-Time Assemble-to-Order Systems[J]. Operations Research, 2010, 58(3):691–705

[129] Yongbo Xiao, Jian Chen, Chung-Yee Lee. Optimal decisions for assemble-to-order systems with uncertain assembly capacity[J]. International Journal of Production Economics,2010, 123(1):155–165

[130] Yongbo Xiao, Jian Chen, Chung-Yee Lee. Single-Period Two-Product Assemble-to-Order Systems with a Common Component and Uncertain Demand. Production and Operations Management, 2010, 19(2):216-232

[131] Yuliang Yao, Yan Dong, Martin Dresner. Managing supply chain backorders under vendor managed inventory: An incentive approach and empirical analysis[J]. European Journal of Operational Research, 2010, 203(1):350-359

[132] Yunzeng Wang, Yigal Gerchak. Periodic Review Production Models with Variable Capacity, Random Yield, and Uncertain demand[J]. Management Science, 1996, 42(1):130-137

[133] Zhan Pang, Frank Y. Chen, Youyi Feng. Technical Note—A Note on the Structure of Joint Inventory-Pricing Control with Leadtimes[J]. Operations Research, 2012, 60(3):581-587

[134] Zhaohui Wu, Thomas Y. Choi, M. Johnny Rungtusanatham. Supplier-supplier relationships in buyer–supplier–supplier triads Implications for supplier performance[J]. Journal of Operations Management, 2010, 28(1):115–123

[135] Zhaohui Wu, Thomas Y. Choi. Supplier–supplier relationships in the buyer–supplier triad: Building theories from eight case studies[J]. Journal of Operations Management, 2005, 24(1):27–52

[136] 董绍辉,西宝,田丽娜.基于安全多方计算的供应链产能分配机制[J].华东经济管理,2009,23(5):82-84.

[137] 黎继子,马士华,郭培林,刘春玲.基于BOM—Supply Hub的供应链设计模型[J].计算机集成制造系统,2009,15(7):1299-1306

[138] 鲁芳,仲伟俊,张玉林.成本信息保护下的安全供应链联合订货决策[J].管理工程学报,2009,23(4):163-165.

[139] 马士华,龚凤美,刘风华.基于集配中心的生产和配送协同决策研究[J].计算机集成制造系统,2008,14(12):2421-2430

[140] 沈厚才,徐进,庞湛.损失规避偏好下的定制件采购决策分析[J].管理科学学报,2004,7(6):38-44

[141] 谢翠华,仲伟俊,张玉林.私有信息保护的多产品联合订货研究[J].统计与决策,2009,18:50-53.

[142] 张涛,孙林岩.供应链不确定性管理：技术与策略[M].北京：清华大学出版社,2005,10(1):89-92

[143] 甄杰.需求不确定条件下农产品供应链模式研究[D].硕士论文.重庆工商大学.2012年6月:14-15

www.ingramcontent.com/pod-product-compliance
Lightning Source LLC
Chambersburg PA
CBHW080917170526
45158CB00008B/2142